AF459604

MAURICE PALÉOLOGUE

Rome

NOTES D'ART ET D'HISTOIRE

LIBRAIRIE PLON

ROME

DU MÊME AUTEUR

Vauvenargues. (Collection des Grands Écrivains français.) Ouvrage couronné par l'Académie française. Un volume in-16.

Alfred de Vigny. (Collection des Grands Écrivains français.) Un volume in-16.

Profils de femmes. Un volume in-16.

Sur les ruines. Un volume in-16.

Le Cilice. Un volume in-16.

L'Art chinois. Un volume in-8°.

PARIS. — TYP. PLON-NOURRIT ET Cie, 8, RUE GARANCIÈRE. — 3622.

ROME

NOTES D'HISTOIRE ET D'ART

PAR

MAURICE PALÉOLOGUE

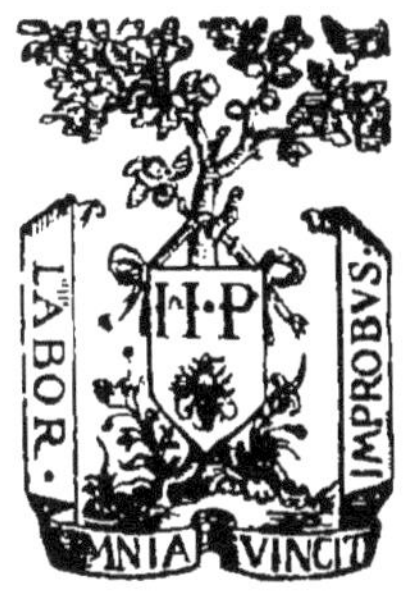

PARIS
LIBRAIRIE PLON
PLON-NOURRIT ET Cie, IMPRIMEURS-ÉDITEURS
8, RUE GARANCIÈRE — 6e

1902

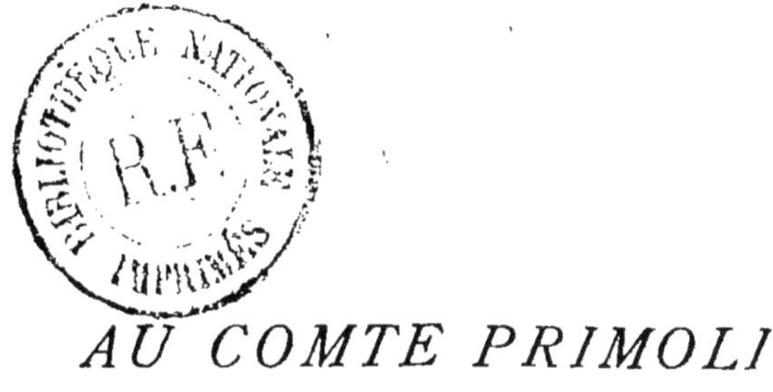

AU COMTE PRIMOLI

Affectueux souvenir.

Ce livre n'est pas un guide, mais une suite d'esquisses et de réflexions auxquelles le site romain, l'art, la légende, l'histoire, ont tour à tour servi de thème. On ne s'étonnera donc pas si nombre d'œuvres et de monuments célèbres n'y sont même pas mentionnés. A cet égard, les Mirabilia urbis Romæ *du moyen âge avaient le souci d'être plus complets et n'étaient pas plus décousus. Le seul lien de ces pages est dans le sentiment qui les a inspirées, dans la pensée que Rome est un trésor inépuisable de poésie et de beauté, une incomparable « cité de l'âme », comme l'appelait Byron, un séjour unique pour la jouissance des yeux et de l'esprit, pour les rêves du cœur et de l'imagination.*

Octobre 1902.

ROME

NOTES D'HISTOIRE ET D'ART

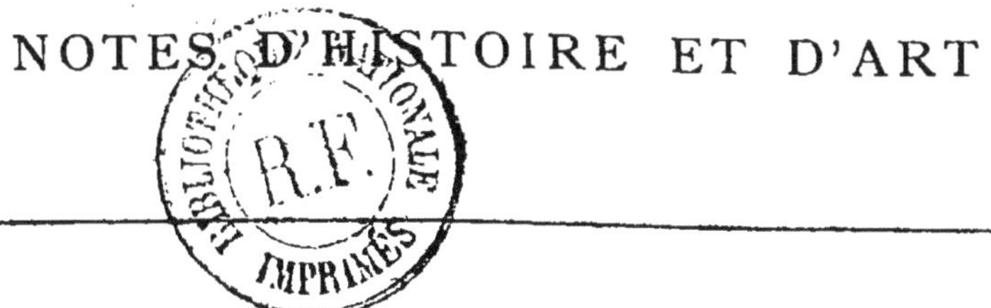

LE FORUM

Les temples. — La Maison des Vestales. — César et la *Regia*. — La Curie. — Les Rostres. — Les basiliques. — La Voie Sacrée. — Les arcs triomphaux.

Gœthe écrivait de Rome : « Tout ce qui jusqu'à présent n'était pour moi que parole vaine et tradition écrite, me devient ici conception vivante. » Nulle part cet effet de résurrection n'est plus sensible qu'au Forum ; nulle part les monuments et les lieux n'ont gardé plus intacte leur puissance régénératrice. Treize siècles d'histoire s'y évoquent en images animées, en figures parlantes, en tableaux tumultueux. Cérémonies religieuses, assemblées populaires, procès politiques, émeutes, fêtes, funérailles, cortèges triomphaux, toutes les scènes et toutes les passions d'autrefois se recomposent devant l'esprit, par une intuition rapide et claire comme une vue directe.

Le nombre des édifices religieux atteste l'importance que les Romains attribuaient au culte public. Un des plus anciens monuments, le plus vénéré peut-être de la Rome antique, est le temple de Vesta, où le feu perpétuel brûlait devant le *Palladium* rapporté de Troie. Fondé par Numa au pied du Palatin, incendié plusieurs fois sous la République, restauré en dernier lieu par Julia Domna, femme de Septime Sévère, il était de forme ronde avec une toiture conique, peu différent des rustiques demeures qu'on voit peintes sur les vieilles urnes funéraires et qui résumaient toute la science architecturale des premiers peuples latins. Toujours, même jusque sous l'Empire, il conserva son ordonnance primitive, ses dimensions étroites, une certaine simplicité d'aspect, comme pour rappeler les humbles débuts de la Ville Éternelle.

A côté du sanctuaire s'élevait la maison des prêtresses, la demeure des Vestales. Elles étaient quatre d'abord; leur nombre fut porté plus tard à sept. Le sort les désignait parmi vingt jeunes filles patriciennes, élues par le Souverain-Pontife. Dès lors elles appartenaient à la déesse et lui consacraient leur virginité. Leur principal office était l'entretien du feu. Elles en tiraient de grands honneurs, qui rejaillissaient sur leurs proches. Les premières places leur étaient réservées aux fêtes publiques ; un licteur précédait leur char, et dans la rue les consuls eux-mêmes leur cédaient le pas. Très riche était leur habitation, comme on peut le voir aux ruines qui en restent. Le marbre y était prodigué. Il y avait aussi des bains, une fontaine, un bosquet. De nombreux esclaves assuraient le service. Autour d'un vaste portique, les statues des Vestales célèbres s'alignaient sur des socles. Plusieurs y sont encore. Une d'elles, la plus précieuse par sa conservation et sa beauté, est au Musée des Thermes. Les inscriptions des piédestaux nous vantent la piété de ces prêtresses, leur pudeur, leur science religieuse, et surtout leur exactitude au devoir sacré, leur vigilance de jour et de nuit devant les feux éternels, *ad æternos ignes, diebus noctibusque pia mente deserviens*. On sait la peine terrible qui frappait la Vestale oublieuse de ses vœux. Un cortège la conduisait en litière au « Champ scélérat », près de la place où la fontaine de l'*Acqua Felice* verse aujourd'hui ses eaux. Et là les pontifes, l'ayant vouée aux divinités infernales, l'enterraient vive. Pendant les onze siècles que dura l'institution, une vingtaine de Vestales furent ainsi châtiées. La plus émouvante exécution eut lieu sous Domitien. Jusqu'au dernier instant, la condamnée protesta de son innocence. Pline le jeune assistait au supplice. Le récit qu'il nous a laissé fait songer à un bas-relief antique. Tandis que la jeune prêtresse descendait au souterrain, son voile s'accrocha. Elle se retourna en se courbant, afin de se dégager. Le bourreau, pensant lui venir en aide, lui tendit la main. Mais avec un sursaut de répulsion, elle se redressa pour épargner à son corps, qu'elle prétendait immaculé, la souillure de ce contact. « Elle montra, dit Pline, toutes les délicatesses de la pudeur et n'eut souci que de mourir décemment. » De même la Polyxène d'Euripide, lorsqu'on la mène au sacrifice : « Elle ne pensait qu'à tomber avec décence et à rester jusqu'à l'instant suprême le modèle des vierges. »

On a souvent comparé les Vestales aux religieuses chrétiennes. Pourtant elles se ressemblaient peu. La pureté qu'on exigeait des premières était physique bien plus que morale. L'âme y était moins engagée que le corps.

Ce n'était guère plus qu'une pratique rituelle, analogue à la purification lustrale. En outre, les Vestales ne consacraient leur virginité que pour trente ans, après quoi elles devenaient libres de se marier. Enfin elles ne connaissaient ni la pauvreté, ni le recueillement, ni les macérations. Elles vivaient dans le luxe, au contraire, largement dotées par le trésor public, entourées de serviteurs, fréquentant les théâtres et les cirques. Elles n'avaient pas grand mérite à garder cette virginité, dont saint Ambroise a pu dire avec raison qu'elle était « payée, temporaire et fastueuse » : *emptitia, temporanea et fasta*.

De leur couvent aristocratique, les Vestales apercevaient, au bord de la Voie Sacrée, la *Regia*, demeure officielle du Souverain-Pontife et dépôt des archives sacerdotales Le soubassement est tout ce qu'il en reste. Mais on ne s'y arrête pas sans quelque émotion. César y a vécu ses derniers jours. Il partit de là, le matin du 15 mars 44, pour se rendre au Sénat, qui siégeait alors au Portique de Pompée. Troublé par des indices funestes qu'un songe de sa femme venait de confirmer, il hésitait à sortir. Comme tous les hommes qui demandent beaucoup à la fortune, il était superstitieux. Un prodige autrefois l'avait décidé à franchir le Rubicon : les présages sinistres l'arrêtaient ce jour-là. Mais un des conjurés, qu'il croyait son ami, Decimus Brutus, le prit alors par son faible : « Que diront tes ennemis, s'ils apprennent que tu attends, pour t'occuper des affaires de l'État, que ton épouse fasse de beaux songes ? » Ils s'en allèrent, par la Voie Sacrée.

Quelques heures plus tard, dans un grand tumulte, quatre esclaves rapportaient à la *Regia* le corps du dictateur. Ses bras pendaient hors de la litière et l'on voyait son visage percé de coups.

Le lendemain, le cadavre fut exposé devant les Rostres, dont la plate-forme apparaît encore distinctement à côté de l'Arc de Septime Sévère. Et c'est là qu'Antoine, comédien merveilleux, joua la scène mémorable dont le génie de Shakespeare n'a pu dépasser l'effet pathétique. L'enthousiasme de la plèbe, une fois déchaîné, se tourna en fureur sacrée. Devant la *Regia*, un bûcher fut improvisé avec les bancs, les sièges, les tables des tribunaux, tout ce qui tombait sous la main. Des vétérans y jetèrent leurs armes, des femmes leurs voiles. Une clameur de désespoir emplissait le Forum. César, ce jour-là, devint dieu.

La place où se dressait le bûcher est reconnaissable, car les triumvirs décrétèrent d'y élever un temple, qu'Auguste consacra en l'année 29. La fondation, faite de blocage, subsiste seule.

Après le Temple de Vesta et la *Regia*, le Forum ne possède pas d'édifice religieux plus important par les souvenirs et l'ancienneté que le Temple de Saturne. Construit par les Tarquins au bas du Capitole, il fut restauré sous le règne d'Auguste et relevé encore vers la fin de l'Empire, après le grand incendie de 283. Les caveaux du sanctuaire enfermaient le trésor de l'État. Huit colonnes demeurées debout témoignent la grandeur primitive du monument ; mais elles nous apprennent aussi combien le goût des architectes romains avait dégénéré à la fin du troisième siècle. L'ordre ionique y est tout dénaturé. Au lieu des belles et souples volutes grecques, on n'a plus devant soi que des spirales pesantes, rigides et mal ajustées.

Ici encore, nous retrouvons César, à une heure décisive, à l'heure des suprêmes audaces. Il venait d'entrer à Rome après le passage du Rubicon. Arrivé au Temple de Saturne, il voulut se faire ouvrir le trésor. Le tribun Métellus s'y opposa, en rappelant le dictateur au respect des lois. César répondit : « Le temps des armes n'est pas celui des lois. Ouvre! tu feras tes discours après. » Fort de l'inviolabilité tribunitienne, Métellus couvrit de son corps la porte sacrée. Alors César : « Ouvre, ou je te tue! Et sache, jeune homme, que cela m'est encore moins difficile à faire qu'à dire. » Le tribun céda.

Le Temple de Castor et de Pollux, qui nous ramène vers la Maison des Vestales, est à peu près contemporain du Temple de Saturne, puisqu'il commémore l'intervention miraculeuse des Dioscures contre les Tarquins. Comme l'armée romaine fléchissait à la bataille du lac Régille, deux héros d'une extraordinaire beauté apparurent soudain à la tête de la cavalerie et, frappant les Latins de leurs lances, ils les mirent en déroute. Le soir même, ils apportèrent à Rome la nouvelle de la victoire. On les reconnut tandis qu'ils baignaient leurs visages en sueur dans la fontaine de Juturne, où s'abreuvaient leurs chevaux.

Le temple qu'on leur dédia est peut-être le lieu du Forum qui a vu s'accomplir le plus de violences et d'horreurs. Au temps de Sylla, dans la fameuse « journée d'Octavius », des flots de sang inondèrent l'escalier du portique.

Reconstruit sous le règne d'Auguste, l'édifice était cité comme une merveille d'élégance et de richesse. Son plan, trois colonnes restées debout et quelques débris ornementaux nous le représentent, en effet, comme une des plus heureuses créations de l'art gréco-romain. On y sent déjà cette recherche du luxe qui deviendra bientôt l'unique souci des architectes, mais qui n'a pu encore altérer leur goût. Les chapiteaux nous montrent l'ordre corinthien dans tout son développement, avec ses caractères définis, ses trois rangs de feuilles nettement découpées, ses fines volutes affrontées aux angles et réunies sur les faces.

La plupart des temples du Forum, tombés en ruine pendant les guerres civiles, furent relevés par Auguste, non qu'il fût très religieux, mais par politique, pour se concilier la dévotion populaire et pour assurer à l'Empire naissant l'appui des anciennes institutions sacerdotales. De ce nombre est le Temple de la Concorde, restauré avec les dépouilles de la Germanie, et voué par Tibère, consul, à la *Concordia Augusta*. Le vocable était justifié; car l'ère des dissensions est close maintenant; l'accord est rétabli entre les citoyens, un accord unanime et durable, l'accord dans la servitude.

Sous l'Empire, les édifices religieux se multiplièrent, chaque fois plus vastes et plus opulents. Le modèle du genre était le Temple de Vénus et Rome, construit par Adrien. Il s'élevait à la limite orientale du Forum, avec deux entrées, tournées l'une vers le Capitole et l'autre vers le Colisée. L'Empereur lui-même en avait dessiné le plan, qui était celui d'un immense rectangle, érigé sur deux étages et ceint d'un portique. On y comptait plus de deux cents colonnes de granit. Les marbres précieux, le porphyre, le bronze, l'ivoire, l'or, y étaient prodigués. Vénus figurait là comme la mère d'Énée, l'aïeule de César, la protectrice éternelle du peuple romain.

Centre de la vie religieuse, le Forum concentrait aussi toute l'activité politique.

Sous les Rois et dans les premiers temps de la République, les affaires civiles se traitaient au *Comitium*, dans un espace découvert, qui s'étendait à peu près entre l'Église Sainte-Martine et le *Niger lapis*, — cette énigmatique « Pierre noire », où l'on a cru reconnaître le tombeau de Romulus. Les chefs des patriciens, qui formaient le Sénat, se réunissaient là, au son de la trompe. Avec un sentiment très juste des origines romaines, le poète Properce nous montre ces vieux Quirites, simples paysans vêtus de peaux de bêtes, délibérant en plein air :

> Curia, prætexto quæ nunc nitet alta Senatu,
> Pellitos habuit, rustica corda, Patres.

Tullus Hostilius, le premier, les abrita dans une très simple maison, la *Curia Hostilia*. Plusieurs fois reconstruite, elle fut remplacée, au temps de César, par un vaste et riche palais, différemment orienté, la *Curia Julia*. Auguste y ajouta un portique et l'orna de statues. L'incendie de l'an 283 la détruisit jusqu'aux fondations. Dioclétien la releva. Elle demeura presque intacte jusqu'au septième siècle. Le pape Honorius en fit alors l'Église Saint-Adrien.

La Curie était la citadelle du gouvernement aristocratique, la forteresse de l'esprit conservateur et des traditions nationales. Un pouvoir énorme lui appartenait. Appuyée sur les comices patriciens, elle proposait et ratifiait les lois, elle dispensait le trésor public, elle dirigeait l'administration intérieure et la diplomatie, elle déclarait la guerre, elle concluait la paix, elle accordait le triomphe, elle réglait le sort des peuples vaincus.

Le *Comitium* et la Curie dominaient le Forum proprement dit, réservé aux tribus plébéiennes. La disposition des lieux met ici dans un jour très vif le jeu des institutions politiques. L'antagonisme du patriciat et de la plèbe, en lequel se résume toute l'histoire de la liberté romaine, y est rendu comme visible.

Le Forum avait pour organe les Rostres. Ils s'élevaient sur les confins du *Comitium*, de manière que l'orateur pût se faire entendre également des patriciens et des plébéiens. L'étroitesse de l'espace qui entourait la tribune permet de résoudre un problème qu'on se pose souvent, lorsqu'on cherche à se figurer les grands débats de la place publique. Comment un discours prononcé en plein air, devant une assemblée tumultueuse où l'émeute grondait souvent, où le sang coulait parfois, arrivait-il aux oreilles des assistants? Il est visible que la foule devait être fort pressée. En outre, les édifices environnants formaient une sorte de mur qui empêchait que la voix ne se perdît. Enfin, il y avait toute une science de la diction, de la mimique et du geste, qui ajoutait aux ressources propres de l'éloquence les moyens expressifs de l'art théâtral.

En l'année 44, César fit transférer la tribune

vers le centre du Forum. On en voit d'importants débris, entre l'Arc de Septime Sévère et la Basilique Julia. Elle se composait d'une longue plate-forme, haussée de trois mètres sur des piliers de marbre et flanquée de statues. On discerne encore dans la pierre la place des éperons de navire enlevés jadis par Mœnius aux Volsques d'Antium. La pensée politique dont s'inspirait César en déplaçant la tribune se dégage tout de suite à l'inspection des lieux. Transporter les Rostres dans le bas Forum, c'était les éloigner du *Comitium* patricien, c'était faire un pas de plus vers la plèbe, c'était consommer la rupture avec les traditions aristocratiques. Et c'était, en même temps, porter le dernier coup aux souvenirs de la liberté.

Pour n'avoir pas connu la période épique des luttes civiles, pour n'avoir entendu ni Scipion Émilien, ni les Gracques, ni Marius, ni Sylla, ni Caton, les Rostres de César, ou *Rostra Julia,* n'en virent pas moins des scènes illustres et tragiques. C'est là que furent prononcées les *Philippiques*. C'est là aussi que le cadavre de César fut exposé avant d'être brûlé devant la *Regia*. C'est là enfin que la tête sanglante de Cicéron fut exhibée par les sicaires d'Antoine. Ce dernier épisode est peut-être le plus atroce qu'ait vu le Forum. La pauvre face inanimée eut d'abord à subir les insultes et la dérision du triumvir. Fulvia, son épouse, arriva presque aussitôt. Avec une férocité toute féminine, elle saisit la tête par les cheveux, la couvrit d'injures obscènes, cracha sur le visage; puis, retirant l'épingle de sa coiffure, elle cribla de coups la bouche et les yeux.

Les affaires administratives et judiciaires se traitaient dans les basiliques. Ces édifices avaient pour plan un long rectangle que deux rangs de colonnes divisaient en trois nefs et qui s'achevait en hémicycle. A l'origine il n'y avait aucun mur d'enceinte : les galeries, ouvertes de toutes parts, communiquaient directement avec la place publique. Le monument tirait donc de ses colonnades son principal effet de beauté.

La plus ancienne construction de ce genre était la Basilique Porcia, élevée en l'année 184 par Porcius Caton, à l'ouest de la Curie. César en fit bâtir une, beaucoup plus spacieuse et plus riche, au sud du Forum, entre le Temple de Saturne et celui des Dioscures. A peine achevée, elle brûla. Auguste la releva, en y adjoignant un portique, et la dédia sous le nom de ses petits-fils, Lucius et Caïus César. La pensée dynastique se révèle dans cette dédicace. On sait, d'ailleurs, que la mort prématurée des fils de Julie allait bientôt anéantir, au profit de Tibère, les rêves successoraux de l'Empereur.

La substruction de la Basilique Julia est seule apparente aujourd'hui. C'est, en effet, un des points du Forum qui, pendant le moyen âge et la Renaissance, furent le plus activement exploités comme carrières de marbre. La trace des fours à chaux s'y reconnaît encore. On y a même découvert les ateliers où les *marmorarii* débitaient les colonnes et les architraves.

La Basilique de Constantin, qui dresse de l'autre côté du Forum sa ruine grandiose, appartient à un système architectonique tout différent. Les plafonds horizontaux y sont remplacés par des voûtes. Celles de la nef majeure se haussaient à quarante mètres; leurs retombées étaient reçues par huit colonnes gigantesques d'ordre corinthien, dégagées du mur. Une de ces colonnes subsiste encore; mais elle se dresse devant Sainte-Marie-Majeure, où Paul V la fit transporter en 1613. L'espacement des supports et leur faible section permettaient d'embrasser d'un seul regard toutes les parties de la basilique. La lumière abondante qui circulait sous les voûtes allégeait la masse énorme des toitures et des parois. La décoration intérieure était d'une richesse extrême. Un vestibule, appuyé sur des colonnes de porphyre, s'ouvrait au long de la Voie Sacrée.

Cette immense ruine, une des plus pittoresques de Rome, est aussi une de celles qui donnent l'idée la plus forte de la grandeur romaine. Lorsque l'empereur Maxence posa les fondations de l'édifice (310), un désordre inouï régnait dans l'État. Depuis l'avènement de Gallien, la décadence avait fait un progrès effrayant. Les Barbares entamaient de tous côtés les frontières. Selon la belle et prophétique parole de Tacite, « les destins pressaient partout l'Empire (1) ». Avant peu, le vainqueur de Maxence, Constantin, allait transférer la capitale sur les rives du Bosphore. Et pourtant Rome continuait d'imprimer à ses monuments un caractère indestructible de hardiesse, d'ampleur et de somptuosité.

C'est devant la Basilique de Constantin que la Voie Sacrée se redressait pour s'engager dans

(1) Urgentibus imperii fatis. *Germ.* XXXIII.

le Forum. Son point de départ était aux environs du Colisée. Après avoir franchi l'Arc de Titus, elle tournait à droite, longeait le portique du Temple de Vénus et Rome; puis, s'infléchissant de nouveau, elle allait droit vers le Capitole. Tout son parcours était jalonné de statues et d'arcs honorifiques. C'était la voie la plus glorieuse de Rome, la voie des cortèges triomphaux. Les grands vainqueurs du monde, Scipion l'Africain, Paul Émile, Scipion Émilien, César, Pompée, Titus, Trajan, ont suivi cette route. Les dépouilles des villes prises et des royaumes conquis précédaient leur quadrige. Le défilé durait souvent deux ou trois jours; car, outre les légions victorieuses, on y voyait figurer, sur des chariots ou des brancards, toutes les productions des pays subjugués, depuis les chefs-d'œuvre de l'art jusqu'aux ouvrages de l'industrie, — tableaux peints, mosaïques, statues de marbre et de bronze, trésors sacrés, vaisselle d'or et d'argent, vases murrhins, étoffes précieuses, etc.; puis les animaux exotiques, — éléphants, tigres, lions; enfin les rois enchaînés que la Prison Mamertine attend, et la troupe des captifs barbares, Gaulois, Germains, Asiates, que l'on va contraindre à s'entr'égorger dans le cirque.

C'est aux Romains seuls qu'il faut attribuer l'invention des arcs triomphaux. La Grèce ne les a point connus. Les premiers arcs qui furent construits sous la République n'avaient rien de grandiose; ils consistaient en un simple arceau, de bois ou de brique, sur lequel on plaçait la statue et les trophées du vainqueur. Dans la suite, la composition se développa et la sculpture y joua un rôle important.

L'Arc de Titus, qui s'élève au point culminant de la Voie Sacrée, est aussi remarquable par l'harmonie de ses formes que par la pureté de sa décoration. Les élégantes colonnes qui se dressent devant les pieds-droits nous offrent le premier exemple de l'ordre que les architectes de la Renaissance ont appelé « composite » parce qu'il réunit dans le même chapiteau les volutes ioniques et les feuillages corinthiens. Les tympans de l'arc sont ornés de belles Victoires ailées qui portent des palmes et des couronnes. Une agrafe d'un large et souple dessin s'ajuste à la clef. Sous la voûte, deux bas-reliefs de marbre représentent le triomphe de Titus et les dépouilles du Temple de Jérusalem. L'œuvre, un peu chargée, comme sont toujours les bas-reliefs romains, a grand caractère, et l'excellence du travail en fait un modèle de sculpture monumentale.

A l'autre extrémité du Forum, l'Arc de Septime Sévère érige sa masse imposante. Construit en 203, il est formé d'une haute arcade centrale, flanquée de deux arches secondaires. Quatre colonnes dégagées ornent la face du monument. Un quadrige de bronze couronnait autrefois l'attique. Sous le rapport architectural, l'édifice ne peut qu'être admiré : les lignes en sont belles, les proportions heureuses, les moulures très soignées. Mais une décadence lamentable se marque dans toutes les parties sculptées. On a même quelque peine à comprendre que l'art ait déchu si vite, lorsqu'on se souvient, par exemple, de telles œuvres, comme la statue équestre de Marc-Aurèle, à peine antérieure de vingt-cinq années.

Rome possède un arc triomphal, plus considérable encore par ses dimensions, l'Arc de Constantin, situé tout près du Colisée. Il est formé de trois arcades, comme l'Arc de Septime Sévère; mais l'architecture en est de beaucoup inférieure : la corniche, par exemple, est d'une saillie exagérée, dont toute la construction se trouve alourdie. Quant à la sculpture, certaines parties en sont fort belles.

Ainsi : les statues des prisonniers daces, placées devant l'attique, et les médaillons qui surmontent les petits arcs. Mais les sculpteurs du quatrième siècle ne sont pour rien dans ces figures : ils les ont simplement prises à un édifice construit sous le règne de Trajan. Les bas-reliefs qui retracent les victoires de Constantin sont bien leur œuvre, au contraire. On ne peut imaginer un travail plus grossier : les principes les plus élémentaires de l'art plastique y sont méconnus. La sculpture est morte à Rome pour dix siècles.

L'Arc de Constantin marque une date critique dans l'histoire morale de la société romaine. La dédicace porte : *Au très grand Empereur César Flavius Constantin Auguste, qui, par l'inspiration de la Divinité* (INSTINCTU DIVINITATIS) *a vengé la République des tyrans,* etc... Quelle était cette *Divinité?* Était-ce le Jupiter païen? Était-ce le Dieu des Chrétiens? Le vague de la formule trahit l'embarras de celui qui l'a rédigée. Au lendemain de sa victoire sur Maxence (312), Constantin n'était nullement acquis au christianisme; il y inclinait tout au plus. La grande majorité de la population demeurait fidèle aux anciennes croyances. Les autels du paganisme recevaient encore les hommages officiels, et, comme au temps de la République, les images des dieux continuaient d'être portées devant les légions. D'autre part, l'Évangile faisait des progrès merveilleux. Assurément, l'avenir était là. En adoptant une formule ambiguë, le nouveau maître de Rome ne se compromettait pas. Ne blessant aucune opinion, il avait chance de se les concilier toutes. Le calcul était juste, puisqu'il a réussi.

LE PALATIN

La *Roma quadrata.* — La Maison d'Auguste. — Les palais impériaux. — Le Palatin à l'époque byzantine. — Les Jardins Farnèse.

Lorsqu'on passe du Forum au Palatin, il semble qu'on passe de la République à l'Empire. Les souvenirs du régime impérial s'y évoquent, en effet, si puissamment qu'ils effacent tous ceux de l'époque antérieure. Pourtant, cette colline abrupte fut le noyau de la Ville Éternelle. Même, elle fut longtemps à elle seule Rome entière. C'est là que le fondateur de la cité en traça le contour, d'après les rites étrusques. A l'emplacement des portes, il soulevait la charrue augurale; car, le sillon étant sacré, nul ne pouvait le franchir. L'enceinte des villes se trouvait ainsi, dès la première heure, sous la protection des dieux.

Ce passé lointain, que naguère encore on prétendait fabuleux, s'affirme aujourd'hui par d'irrécusables témoignages. Des vestiges nombreux nous contraignent à tenir pour vraies, au moins d'une vérité générale, les traditions que les annalistes latins avaient recueillies. Sous les palais construits par les Césars, la muraille primitive a été partiellement exhumée. De larges blocs de tuf permettent de jalonner avec précision le périmètre de la *Roma quadrata*. On a même retrouvé les assises de la porte principale, la *Porta Mugonia*, comme on l'appelait à cause du mugissement des bœufs qui, le soir, y passaient pour aller boire dans les eaux du Vélabre. Cette allusion à la vie rustique achève bien l'image qu'on doit se faire de Rome naissante et que Montesquieu a si justement dessinée : « Il ne faut pas prendre de la ville de Rome, dans ses commencements, l'idée que nous donnent les villes que nous voyons aujourd'hui, à moins que ce ne soit de celles de la Crimée, faites pour renfermer le butin, les bestiaux, et les fruits de la terre. »

Quand Rome, pour s'accroître, s'étendit sur d'autres collines, le Palatin conserva son prestige. Les familles patriciennes étaient fières d'y habiter. Au dernier siècle de la République, les plus importants personnages y demeuraient. Ce fut le cas de Scaurus, de Catulus, de Crassus, de Catilina, de Clodius, d'Antoine, d'Hortensius, de Cicéron. César, si noble qu'il fût, n'avait eu garde de les imiter. Pour se rendre agréable aux démocrates, il s'était logé dans le quartier populaire de la Suburra; il y résida jusqu'au jour où, s'étant fait élire pontife, il vint occuper la *Regia* du Forum.

Auguste n'était encore que le triumvir Octave, quand il acheta, sur le Palatin, la maison de l'orateur Hortensius. Il l'agrandit un peu, dans la suite; mais elle conserva toujours l'aspect d'une demeure privée. Comme on peut le voir par les fouilles, elle se composait de pièces étroites, distribuées symétriquement autour d'un péristyle, sur le plan normal des habitations romaines. Auguste y vécut pendant tout son règne, de la façon la plus simple, avec une modestie élégante et du meilleur goût. Suétone nous a décrit cette maison : « Elle n'était remarquable ni par sa grandeur ni par sa décoration. Les portiques, peu développés, avaient pour soutien des colonnes en pierre commune des Monts Albains. Dans les chambres, on ne voyait ni marbre ni mosaïque. Pendant plus de quarante ans, il occupa la même pièce, été comme hiver Un particulier ayant quelque aisance dédaignerait les meubles dont il se servait. Il ne portait guère que des vêtements faits chez lui, par sa sœur, sa femme, sa fille. Il mangeait sobrement. Son menu habituel, c'était le gros pain, le lait, le fromage, le poisson, les figues fraîches. Il prenait fort peu de vin. »

Autour de sa demeure, et comme pour en détourner l'attention publique, il éleva des monuments splendides, parmi lesquels ce fameux Temple d'Apollon Palatin, qui rappelait l'intervention du dieu à la bataille d'Actium :

Actius hæc cernens arcum intendebat Apollo (1).

Un vaste portique entourait le sanctuaire. Deux bibliothèques y attenaient. Les colonnes de marbre, les pavements de porphyre et de jaspe, les panneaux d'ivoire, les chefs-d'œuvre de la statuaire grecque y étaient multipliés.

En arrière de la Maison d'Auguste, se trouvait un exèdre, sorte d'hémicycle, d'où l'Empereur pouvait, sans sortir de chez lui, assister aux spectacles du Grand Cirque. On sait que les jeux publics furent, pour Auguste, un puissant moyen de règne. Il en fit comme une institution d'État. Aussi s'imposait-il le devoir strict de les présider, malgré la perte de temps

(1) *Enéide*, VIII, 704.

qui en résultait pour lui; car les jeux duraient parfois la journée entière. Si quelque affaire grave l'obligeait, par hasard, à quitter l'exèdre, il en demandait la permission au peuple, nous dit Suétone, qui ajoute : « Mais, tant qu'il restait dans sa loge, il ne faisait rien autre chose que suivre le spectacle afin de ne pas s'exposer aux murmures que César avait souvent provoqués pour s'être occupé à lire des lettres pendant la représentation. »

La simplicité dont Auguste s'entourait se retrouve dans la Maison de Livie.

Trois chambres s'ouvrant au fond d'un *atrium*, une quatrième salle servant de *triclinium*, puis, à l'extrémité d'un couloir, quelques pièces minuscules, d'un usage domestique, — c'était là toute l'habitation. Elle n'avait d'autre luxe qu'un décor de fresques murales, qui sont parmi les plus belles qu'on ait découvertes à Rome. Les sujets représentés sont des aventures mythologiques, des épisodes champêtres ou religieux, des perspectives architecturales, des paysages, des guirlandes, etc. D'un sentiment vif et délicat, d'une exécution rapide, sobre et légère, ces peintures rappellent les plus heureuses créations de l'art alexandrin. L'une d'elles se distingue même par un style si élevé, qu'elle fait penser à quelque chef-d'œuvre grec dont elle serait la copie. Elle met en scène la nymphe Io, captive d'Argus et qu'Hermès vient délivrer. Assise au pied d'une colonne, la victime de Héra tourne vers le ciel ses yeux en pleurs. L'élégance de l'attitude, la finesse des contours, la grâce de la draperie tombante, le charme tendre de l'expression communiquent à la figure un parfum délicat d'hellénisme.

C'est là, croit-on, que Livie se retira pendant son veuvage. Elle y habita quinze ans, altière, dominatrice et astucieuse comme autrefois, poursuivant contre son fils un duel implacable et sourd, toute occupée à proclamer le culte de son époux, à constituer l'absolutisme impérial en dogme religieux, à fonder le droit divin de l'Empire.

Tibère, qui affectait comme Auguste la simplicité, estima cependant que la maison de son prédécesseur était par trop modeste, et il s'en fit construire une plus vaste. La *Domus Tiberiana* s'élevait à l'angle nord du Palatin, en haut du *Clivus Victoriæ*. Les cyprès et les chênes-verts la recouvrent aujourd'hui. Tibère d'ailleurs n'y demeura guère. Bientôt rassasié du pouvoir, las des honneurs, dégoûté des flatteries, et, comme tous les épuisés, avide de sensations violentes, il abandonna Rome pour Caprée.

Avec Caligula, les mœurs des cours asiatiques s'installèrent au Palatin. Il agrandit considérablement la Maison de Tibère, en faisant élever sur les pentes de la colline ces étages de salles, dont les voûtes et les arcs en ruine composent un décor si pittoresque.

Le despotisme impérial, sous sa forme la plus monstrueuse, a pris naissance là. Du premier coup, Caïus César mesura ce que Rome pouvait supporter de tyrannie. Un siècle et demi à l'avance, il aurait pu dire comme Caracalla : « Je peux tout et sur tous ». Le monde fut, dès lors, livré à un monomane féroce, qui ne se plaisait qu'à l'extraordinaire et au gigantesque. Un jour, il fit jeter une passerelle qui, par-dessus le Vélabre, reliait son palais au Capitole, afin de pouvoir plus commodément aller s'entretenir avec « son frère » Jupiter. Une autre fois, il se dédia un temple où il s'adorait lui-même, et il désigna son cheval Incitatus comme un des pontifes de ce nouveau sacerdoce. A Rome qui avait déjà vu tant d'horreurs, il montra ce qu'elle ne connaissait pas encore, — une passion maniaque du meurtre, le besoin de tuer, indépendamment de toute idée de vengeance et d'intérêt, pour la seule joie de faire souffrir et de voir couler le sang. Il se faisait donner le spectacle de la torture dans ses orgies. Et l'on sait le gracieux compliment qu'il tourna un soir à la voluptueuse Césonia, en lui caressant la nuque : « Il suffirait d'un signe de moi pour que cette jolie tête tombât. »

Le Palatin, qui servit de théâtre aux extravagances et aux débauches de ce bouffon épileptique, garde aussi le souvenir de sa mort. Une conjuration se forma contre lui, dans la quatrième année de son règne : elle avait pour chef un tribun militaire, Cassius Chéréas, que l'Empereur avait offensé par des injures obscènes. Le 24 janvier 41, Caligula, qui venait de présider à des jeux sur le Forum, voulut rentrer au palais vers midi. Laissant sa garde germaine prendre la rue Palatine, il s'engagea presque seul dans le Cryptoportique, galerie couverte qui serpentait sous les constructions impériales et que les fouilles récentes ont exhumée en partie. Les conjurés l'attendaient là, dans le jour blafard qui filtrait par les ouvertures de la voûte. Chéréas s'était réservé le droit de frapper le premier coup; il l'asséna en pleine tête : ses complices achevèrent son œuvre.

Lorsqu'on parcourt le Cryptoportique à la tombée de la nuit, cette scène tragique fait place à une autre image. On croit y voir passer Messaline, telle que Juvénal nous l'a dépeinte, dérobant sa chevelure noire sous une perruque fauve, accompagnée d'une seule esclave, et courant d'un pas furtif aux bouges de la Suburra :

> Ausa Palatino tegetem præferre cubili,
> Linquebat, comite ancilla non amplius una,
> Et nigrum flavo crine » abscondente galero.

Néron n'a laissé aucune trace au Palatin. Il se plaignait sans cesse d'y être à l'étroit et tenait pour de piètres personnages ses prédécesseurs qui s'étaient contentés de si peu. Il chercha donc en dehors de la colline impériale l'espace nécessaire aux constructions qu'il méditait ; il le trouva dans la plaine qui sépare le Cælius de l'Esquilin. Ses architectes lui bâtirent à la hâte cette Maison Dorée, qui dépassait en richesse décorative, en profusion de matières précieuses, les plus fastueux édifices du despotisme oriental.

En outre des palais, la résidence comprenait des jardins, des bois, des champs, des piscines, et un grand lac artificiel où les aqueducs entretenaient de l'eau courante. La superficie du parc mesurait plus de cent hectares.

La réaction des Flaviens contre la mémoire de Néron profita au Palatin. Ils revinrent y demeurer, comme pour placer leur dynastie récente sous la protection des monuments les plus antiques de Rome et des souvenirs les plus sacrés de la patrie.

Vespasien, imitant la simplicité d'Auguste, vécut avec une économie sévère dans les anciens palais impériaux. Titus suivit son exemple. L'un et l'autre pourtant étaient passionnés de construction; mais, pour mieux faire ressortir l'égoïsme de Néron, ils n'entreprirent que des travaux d'utilité publique, thermes, amphithéâtre, temples, basiliques, etc... « Rome enfin, disait Martial, est rendue à elle-même. Grâce à toi, César, ce qui ne servait qu'au plaisir d'un seul homme est offert maintenant à la jouissance de tous. »

Le frère du sage Titus ne lui ressemblait guère. Domitien reprit, quoique avec plus d'intelligence et de mesure, la tradition de Caligula. Il se faisait rendre les honneurs divins, et le préambule de ses édits portait : « Notre seigneur et dieu ordonne... » Le palais qu'il s'éleva sur le Palatin témoigne le progrès que les mœurs monarchiques accomplirent sous son règne. Les poètes contemporains s'épuisent en hyperboles pour vanter le nouveau « sanctuaire » de la puissance impériale.

Il est presque entièrement déblayé aujourd'hui. Conforme au plan classique des maisons romaines, il n'a de particulier que la grandeur de ses proportions. Il s'ouvrait à l'est par un vestibule majestueux qui se développait sur toute la face du monument. La porte centrale donnait accès dans une pièce immense, terminée en abside. Seize colonnes corinthiennes en marbre de Phrygie supportaient la voûte. Des niches ornées de statues étaient creusées dans le mur extérieur. Et, sur toutes les parties de la construction, les ornements étaient prodigués, jusqu'à l'excès; car les folies architecturales de Néron avaient perverti le goût des artistes. C'était l'*Aula regia*, la salle où le prince tenait ses audiences, vraie « salle du trône ». Domitien est, en effet, le premier empereur qui ait siégé sur un trône. Au delà s'étendait le *Peristylium*, vaste cour de trois mille mètres carrés, que bordait un portique. Le *Triclinium* occupait l'arrière du bâtiment. A droite et à gauche, de larges fenêtres laissaient voir deux nymphées, où l'eau jaillissait d'une fontaine de marbre, parmi les verdures et les fleurs. C'était la plus belle salle à manger que Rome eût encore vue. Martial comparait aux banquets de l'Olympe les repas qu'on y servait, et Stace qui fut un jour admis à l'honneur de s'y asseoir se crut à la table même de Jupiter. Assurément, on ne saurait faire trop large part à la flatterie dans les descriptions enthousiastes des deux poètes. Il ne faut pas moins reconnaître la splendeur qui régnait à la cour des Césars.

Sur les côtés du palais, on a découvert encore des salles nombreuses, dont l'attribution est incertaine. L'une d'elles, qui est située à droite de l'*Aula regia*, semble être la basilique où l'Empereur rendait la justice. Les autres constituaient, sans doute, les appartements privés.

Un stade, ceint d'une galerie à deux étages, s'étendait à proximité. On y exécutait des jeux athlétiques, des courses à pied, des récitations de poésie, des chœurs de harpe et de chant.

Cette magnifique demeure servit de cadre à la plus sombre existence. Domitien vécut ses dernières années dans la crainte continuelle des conjurations. Assiégé de terreurs, vieilli avant l'âge, soupçonnant tous ceux qui l'approchaient, croyant percevoir dans les moindres faits un présage sinistre, il n'osait plus sortir de son palais. On le voyait errer seul, pâle et farouche, sous les portiques. Les délateurs, cette plaie hideuse de l'empire romain, exploitaient sa frayeur. Les supplices succédaient aux supplices. Chaque famille noble était frappée à son tour. « Dans la noblesse, disait Juvénal, c'est un miracle de vieillir. » Plus Domitien avait peur, plus il devenait cruel. Mais, comme il advient toujours, chaque supplice nouveau provoquait une conspiration nouvelle, chaque victime un vengeur. Il fournit lui-même les moyens de le tuer. Le 18 septembre 96, un prétendu dénonciateur qu'il recevait en audience secrète lui enfonça un poignard dans le ventre.

L'Empire touchait à son déclin, quand Septime Sévère imagina de se faire construire sur le Palatin une habitation qui éclipsât toutes les autres. Ce prince, dont la figure et l'accent ne révélaient que trop l'origine africaine, éprouvait le besoin de rehausser le prestige de sa dynastie aux yeux du peuple que les hasards de l'élection militaire l'avaient appelé à gouverner. Il s'établit à la seule place qui restât libre sur la colline, c'est-à-dire en face du Cælius, au delà du stade bâti par les Flaviens. Pour étendre la surface disponible, il prolongea la crête par d'énormes substructions. Rien ne subsiste de ce palais grandiose, sinon des murs croulants, des colonnes rompues, des voûtes effondrées. Toutefois on reconnaît encore la loge impériale, superbe terrasse qui, dominant le Grand Cirque, permettait à l'Empereur de suivre les jeux sans sortir de chez lui, comme faisait Auguste.

Quelques soubassements situés en contrebas, le long de la Voie Triomphale, sont aussi tout ce qui reste du fameux *Septizonium*. Cette gigantesque façade se composait d'un portique, à trois ordres étagés, qui se développait sur cent mètres de long. Par une fortune singulière, l'édifice parvint jusqu'au seizième siècle, sans trop souffrir ni du temps ni des hommes. Mais, vers 1585, Sixte-Quint le fit jeter bas pour en tirer les matériaux nécessaires à ses entreprises architecturales.

Après le transfert de la capitale à Byzance (330), les palais des Césars se dégradèrent, faute d'entretien. Au cinquième siècle, les Goths et les Vandales pillèrent le peu qu'on y avait laissé de richesses. Quand la Ville Éternelle tomba au rang de préfecture grecque, les monuments délabrés du Palatin servirent de résidence aux fonctionnaires helléniques. Le Duc de Rome, chef de l'administration provinciale, y avait sa demeure et sa chancellerie. De temps à autre, l'Exarque de Ravenne, véritable roi d'Italie, venait y faire un bref séjour. On l'accueillait avec les plus grands honneurs, tous les étendards et toutes les croix dehors; car il avait dignité de patrice et disposait d'un pouvoir exorbitant.

Une fois, en 663, on vit arriver au Palatin l'*Autocratôr* lui-même, Constant II. Les Romains, qui depuis deux siècles et demi n'avaient pas vu un empereur, n'oublièrent de longtemps celui-ci. Après les avoir éblouis par sa splendeur, édifiés par sa dévotion, il les rançonna impitoyablement. Lorsque enfin la conquête lombarde eut anéanti l'Exarchat, les palais impériaux n'abritèrent plus personne. Leurs murs chancelants s'écroulèrent aussitôt. La végétation accomplit alors son œuvre lente et poétique, à laquelle rien ne résiste : elle recouvrit tout.

Au seizième siècle, l'art perfectionna le travail de la nature. Les jardins merveilleux des Farnèse ensevelirent sous les fleurs la colline qui avait vu naître et mourir la puissance romaine, où s'était fondée puis dissoute la société la plus forte, la plus féconde et, malgré des époques détestables, la plus glorieuse qu'aient instituée les hommes.

LE CAPITOLE

L'Église et le Couvent d'*Ara-Cœli.* — Le Capitole au moyen âge. — La statue de Marc-Aurèle. — Le Palais des Conservateurs et le Musée Capitolin.

De tous les monuments qui faisaient jadis la gloire du Capitole, quelques débris du *Tabularium* sont tout ce qui subsiste. Nul vestige ne rappelle le fameux Temple de Jupiter Optimus Maximus, « demeure terrestre du roi des dieux », comme l'appelait Cicéron, ni le Temple de Jupiter Férétrien, où s'entassaient les trophées des peuples vaincus, ni les trente autres sanctuaires où les images de toutes les divinités se trouvaient réunies comme au centre de la religion et de l'empire.

L'établissement du christianisme et l'exode à Constantinople entraînèrent peu à peu la déchéance des édifices capitolins. Leur ruine fut consommée par les Goths de Totila, qui les incendièrent en 546. Alors, ce ne fut plus qu'un amas de décombres, dont la végétation s'empara bientôt.

Vers le milieu du onzième siècle, les Bénédictins déblayèrent l'extrémité septentrionale du mont pour y construire l'église de Sainte-Marie-*in-Capitolio*, vocable qu'elle échangea plus tard contre celui d'*Ara-Cœli* : un couvent y attenait. La légende selon laquelle le Christ enfant serait apparu à Auguste sur l'emplacement de l'église est née à cette époque. Dans sa forme première, le fabuleux récit ne manque pas de grandeur. Inquiet de l'avenir réservé à son œuvre, l'Empereur vieillissant se fait porter un jour au Temple d'Apollon Capitolin et demande à la Sibylle : « Après moi, qui sera le maître du monde? » Le dieu reste muet. Par deux fois, César Auguste renouvelle sa prière, en y joignant une hécatombe. Apollon dicte alors ces paroles à sa prêtresse : « Un enfant juif, dieu lui-même et plus fort que tous les dieux, m'ordonne de quitter le ciel et de lui céder la place. Ne m'invoque donc plus; car c'est aux enfers que désormais j'habiterai tristement » Frappé de cet oracle, l'Empereur fait aussitôt ériger un autel à l'Enfant divin, avec cette épigraphe : *Ara filii Dei* : « Autel du Fils de Dieu. »

Le reste de la colline garda son aspect sauvage. Les arbres et les ronces recouvraient partout les murs effondrés des sanctuaires antiques. Le vers de Virgile pouvait s'appliquer encore, sauf à le retourner :

> Aurea nunc, olim silvestribus horrida dumis.

Le réveil des idées municipales au douzième siècle ouvrit une ère nouvelle pour le Capitole. Dans l'imagination populaire, le mont retrouva soudain son prestige. On se rappela qu'il avait été, selon la belle expression de Fazio degli Uberti,

> Di tutto il mondo l'altezza e l'orgoglio.

On ne le vit plus qu'à travers sa splendeur passée. Il devint, aux yeux de tous, le symbole des espérances romaines. Une construction massive, élevée au sommet de l'*Intermontium*, servit de palais communal. Le magistrat élu, qui y siégeait sous le nom de Sénateur, croyait sincèrement incarner en sa personne la majesté du Sénat antique. L'exergue SENATUS POPULUSQUE ROMANUS entoura, sur les monnaies, l'effigie de saint Pierre. Toute la vie intérieure de la cité se concentra désormais au Capitole. C'est de là que, au nom de l'évangile, Arnauld de Brescia lançait le peuple à l'assaut du Saint-Siège. C'est là aussi que, le 8 avril 1341, Pétrarque reçut la couronne poétique. C'est là enfin que, le 20 mai 1347, Cola di Rienzo, croyant renouveler l'entreprise des Gracques, se fit proclamer « Tribun de la sacrée République romaine, par la volonté du Très-clément Seigneur Jésus-Christ ».

Ce renouveau de gloire jeta sur l'Église d'*Ara-Cœli* un vif éclat. En 1250, Innocent IV avait retiré le monastère aux Bénédictins, pour l'attribuer à l'ordre tout jeune et tout-puissant des Franciscains. Durant plus d'un siècle, les Cosmati travaillèrent à la parure de l'église. On doit à ces habiles marbriers les curieux ambons de mosaïque et de porphyre qui ornent aujourd'hui encore la nef. On leur doit également les tombes des Savelli et ce beau sarcophage du cardinal d'Acquasparta où l'on croit reconnaître un souffle de l'art florentin (1302).

Ce zèle décoratif continua jusque dans la période d'extrême misère que fut, pour la Ville Éternelle, l'exil d'Avignon. Le haut escalier de marbre qui précède le portail de l'église est, en effet, le seul monument public que les architectes romains aient construit en l'absence des papes.

La Renaissance ne pouvait négliger un lieu si fertile en souvenirs antiques. Les rudes constructions du moyen âge furent jetées bas. Et, pour les remplacer, Michel-Ange conçut un vaste plan de palais, de rampes et de terrasses. Par malheur, il n'eut le temps que d'amorcer les travaux. Les motifs vulgaires que ses successeurs, les Rainaldi et les Giovanni del Duca, ont introduits dans les façades n'ont pu détruire cependant l'effet de l'ordonnance générale. L'ensemble reste beau, majestueux, digne de la place qu'il occupe et du maître qui l'a composé.

En 1471, Sixte IV fonda, au Capitole, un musée de statues antiques. Déjà, quelques années auparavant, Paul II avait constitué, dans son fameux Palais de Saint-Marc, un trésor d'art ancien. Mais ce n'était qu'une collection privée. L'Italie doit au Rovère sa première collection publique.

A l'origine, la galerie comprenait une trentaine d'œuvres au plus, déposées au Palais des Conservateurs. Elle s'accrut de telle sorte qu'elle envahit le palais d'en face, dont Innocent X fit le Musée Capitolin.

Entre les deux monuments, la statue de Marc-Aurèle s'élève sur un piédestal de marbre, taillé par Michel-Ange dans une corniche du Forum de Trajan. La pose de l'Empereur est la simplicité même. Il étend la main, comme pour souligner quelques paroles de clémence ou d'apaisement. Et ce geste est si large, si noble, qu'il communique à tout le personnage une autorité suprême. Le cheval n'est pas digne du cavalier. C'est une bête à courte encolure, à membres épais, et dont les mouvements d'ailleurs sont désaccordés. Les artistes de la Renaissance ont trouvé dans cette statue la formule de leurs effigies équestres. Séduits par la grande tournure de l'œuvre, ils n'en voyaient pas les incorrections. C'est ainsi que le cheval prit à leurs yeux la valeur d'un type. Donatello et Raphaël s'en sont inspirés, l'un pour le palefroi que monte le Gattamelata de Padoue, l'autre pour la haquenée qui porte le pape saint Léon dans la fresque du Vatican.

Le chef-d'œuvre du Palais des Conservateurs y est entré le jour même où Sixte IV a fondé la collection. C'est le bronze connu sous le nom de *Spinario*. La statuette représente un jeune garçon, — un élève du stade sans doute, — qui s'arrache une épine du pied. Ce qui frappe d'abord, ce sont les défauts : la grosseur de la tête, l'exécution inhabile des mains, la facture massive des jambes. Mais la pose, aux lignes rompues, est aussi originale que libre et vraie ;

on la dirait prise sur le vif. Le modelé du torse est irréprochable. La physionomie témoigne de l'observation la plus juste. Et l'œuvre entière dégage un vif parfum de naturalisme archaïque. A quelle école attribuer ce bronze? Quelle date lui assigner? Faut-il n'y voir qu'un pastiche, un de ces charmants ouvrages de dilettantisme et d'érudition où les sculpteurs grecs du premier siècle se plaisaient à reproduire le style des vieux maîtres argiens? N'y faut-il pas discerner plutôt le réalisme sincère de l'un de ces maîtres eux-mêmes ou, du moins, leur pure et immédiate tradition? La sagacité des archéologues n'a pu résoudre encore le problème.

Même incertitude pour l'*Aphrodite de l'Esquilin*. Par la fraîcheur et la spontanéité de l'inspiration, la figure fait songer aux œuvres savoureuses du cinquième siècle commençant. Il faudrait alors lui retirer son titre. Car, pour une image divine, elle est vraiment trop peu idéale. Quelque liberté que l'art hellénique se soit permise envers les types religieux, jamais il n'a traité le corps d'une déesse avec ce réalisme cru, avec cette indiscrète précision. Tous les détails du modelé trahissent l'original vivant. La prétendue Aphrodite ne serait donc qu'une jeune hétaïre ou une vierge qui sort du bain. D'autre part, une certaine recherche dans la pose et la présence du serpent d'Isis sur le vase où s'appuie la statue évoquent la pensée de l'hellénisme alexandrin. Dans ce cas, la pseudo-Vénus ne serait qu'une Romaine du temps de César, quelque affranchie au nom asiatique tel que Syra, Lesbia, Phrygia, quelque voluptueuse amie de Cælius ou de Catulle, de Gallus ou de Pollion.

Le *Marsyas* affirme au contraire sa date. Cette facture minutieuse et incisive, cette savante anatomie, cette poursuite de l'effet dramatique accusent nettement le style qui prévalut à Pergame, au troisième siècle.

Deux statuettes, le *Vieux pêcheur* et la *Vieille paysanne,* méritent encore l'attention. La sculpture alexandrine s'y révèle sous un de ses aspects les plus originaux. Éprise d'exactitude, cherchant avant tout le caractère individuel et le détail expressif, elle abandonne les sujets mythologiques et demande aux scènes de la vie réelle ses motifs de composition. Quelle vérité dans les figures de ces deux pauvres gens ! Le *Pêcheur,* tout perclus et voûté par l'âge, est-il assez finement observé ! Ne croit-on pas le voir marcher de son pas traînant ? Et la *Paysanne*, aux joues caves, aux seins flétris, au torse famélique enveloppé d'affreuses hardes, quelle émouvante image de misère et de vieillesse!

La collection créée par Sixte IV est de faible importance, si on la compare à celle qu'Innocent X lui a donnée pour rivale. Sans compter l'inappréciable série des bustes impériaux, le Musée Capitolin possède pour le moins cent cinquante statues, parmi lesquelles on en pourrait citer une vingtaine de l'ordre le plus élevé, comme l'*Amazone blessée,* le *Satyre au repos*, l'*Aphrodite au bain*, le *Gaulois mourant*.

Pour se faire une idée juste de l'*Amazone blessée,* il faut corriger d'abord la restauration défectueuse du bras droit qui, dans l'état primitif, s'appuyait sur une lance. La guerrière a été frappée sous le sein. Avec précaution, elle écarte de sa blessure les plis de sa tunique. Le visage exprime une douleur vive, mais contenue et qui laisse aux lignes du corps toute leur noblesse. A quel maître convient-il d'attribuer le type de cette statue? On hésite entre Phidias et Polyclète. Ce qui ne fait pas doute, c'est l'originale beauté de cette figure, où l'élégance féminine s'allie à la force virile. Deux siècles plus tard, les artistes grecs chercheront de nouveau à fondre en un seul être les caractères des deux sexes. Mais, au lieu d'un idéal héroïque et sain, ils évoqueront l'image perverse de l'hermaphrodite.

Le *Satyre au repos* dénonce, dans la sinuosité de ses lignes, le rythme cher à Praxitèle. Appuyé nonchalamment sur un arbre, le jeune faune semble poursuivre une lente et sensuelle rêverie. Sa pose oblique fait saillir une des hanches, relève une des épaules, imprime à tout le corps une ondulation gracieuse. Le moelleux des formes juvéniles, la souplesse de la vie adolescente n'ont peut-être jamais été rendus en traits plus charmants.

C'est encore à Praxitèle qu'il faut attribuer le type de l'*Aphrodite au bain*. De même que la Cnidienne du Vatican, la déesse est représentée nue descendant vers l'eau. Mais son regard et sa pose expriment une pudeur plus délicate. Il ne lui suffit pas d'étendre négligemment une main devant sa nudité : elle la couvre de ses deux bras. Et la crainte d'être surprise lui rend les yeux inquiets. La beauté dont resplendit ce corps divin est de celles qu'on ne décrit pas. Comment traduire par des mots l'harmonie et la pureté de ces contours, la suprême élégance de ces galbes, la séduction de ce modelé souple, large et fondu?

Le *Gaulois mourant* appartient au cycle de statues qui décorait le monument votif érigé, vers 220, par Attale Ier, dynaste de Pergame, pour célébrer sa victoire sur les Galates. Une vie intense anime ce marbre. Le travail de la musculature est ferme et serré. Les caractères de race y sont, en outre, fortement accusés, — par exemple, dans la carrure des épaules, dans la rudesse des traits, dans le hérissement des cheveux. Et c'est la première fois que l'art grec poursuit avec cette précision la vérité ethnique. Mais, pour être un Barbare, le personnage n'en meurt pas moins noblement. Son agonie est d'un héros. Frappé à l'instant même où il sonnait la charge, comme l'indique son cor tombé près de lui, il expire sur son bouclier. L'âme qui va sortir de sa poitrine haletante vaut celle des guerriers d'Homère et des soldats de Marathon.

LE COLISÉE

L'Amphithéâtre Flavien. — Les gladiateurs. —
Les martyrs.

En substituant le nom de Colisée à celui d'Amphithéâtre Flavien, la coutume a fait tort à l'histoire ; car l'édifice est l'œuvre propre de la famille flavienne et porte éminemment le caractère dynastique. Pour flatter la multitude et lui faire oublier Néron, à qui elle gardait un souvenir prestigieux, Vespasien résolut d'élever un amphithéâtre extraordinaire de grandeur et de luxe. Pour mieux marquer son dessein, il jeta les fondations à la place même où s'étendait le fameux lac artificiel de la Maison Dorée. La mort le surprit au milieu de ses travaux. Titus les continua. Les prisonniers juifs qu'il avait ramenés de Jérusalem furent employés à la construction. Dix-huit siècles plus tôt, leurs ancêtres, captifs en Égypte, avaient connu aussi « l'amertume que c'est de remuer la brique et le mortier pour le compte d'un vainqueur (1) ». La dédicace du monument fut célébrée en 80. Mais les grands spectacles n'y furent inaugurés que par Domitien.

Au dehors, l'amphithéâtre offre quatre ordonnances superposées. Les trois premières consistent en arcades ornées de colonnes ; la quatrième est composée de pilastres dont la faible saillie contraste avec les reliefs vigoureux des étages inférieurs. Les colonnes du rez-de-chaussée sont de l'ordre dorique, mais sans triglyphe à la frise. L'ordre ionique règne au premier étage, et l'ordre corinthien aux deux derniers. L'ellipse du plan ne mesure pas moins de cinq cent vingt mètres. A l'intérieur, des ceintures de gradins où soixante mille spectateurs pouvaient trouver place s'élèvent à quarante mètres autour de l'arène. Une ingénieuse combinaison de couloirs, de passages, d'escaliers, de galeries, fait communiquer entre elles toutes les parties de l'édifice. L'œuvre n'est donc pas seulement une des plus grandioses de l'art romain ; elle montre, en outre, à quel degré de science et d'habileté les architectes anciens étaient parvenus. Considéré dans sa masse to-

(1) *Exode*, I, 14.

tale, le monument est merveilleux d'harmonie, d'ampleur et de force. Par contre, le détail soulève plus d'une critique. La superposition des trois ordres, et la fonction toute décorative des colonnes contreviennent absolument aux règles de logique et de goût instituées par l'art grec. On reconnaît, en outre, à l'imperfection des ajustements et des moulures, la hâte avec laquelle l'ouvrage a été conduit. L'entreprise n'a duré, en effet, que deux ans et neuf mois.

Mais l'intérêt du Colisée est moins dans son architecture que dans sa signification morale. La Rome impériale n'a pas laissé de monument plus expressif de son caractère, de ses instincts, de tout le travail intérieur qui, en la désagrégeant, préparait l'avenir. Une partie de l'âme moderne est faite encore des passions qui ont fermenté dans cette cuve immense. Les plus viles passions, et les plus nobles!

Si haut que l'on remonte dans l'histoire du peuple romain, on ne voit pas qu'il ait jamais eu le cœur tendre. Il ignorait la pitié. Les traits de clémence qu'on admire chez quelques-uns de ses grands hommes ne font que mieux ressortir la dureté des mœurs nationales. Aussi, les combats de gladiateurs, organisés d'abord à titre privé et pour rehausser la pompe des funérailles, devinrent-ils, au dernier temps de la République, le spectacle favori des Romains. César émerveilla la plèbe par l'éclat qu'il sut donner à ces jeux sanglants. Mais l'institution ne prit tout son développement que sous le règne d'Auguste. Celui-ci, récapitulant les actes de son principat, rappelait, comme un de ses titres de gloire, qu'il avait offert au peuple huit combats, où dix mille gladiateurs avaient été mis aux prises. Sous Domitien, ces fêtes, qui étaient jusqu'alors facultatives et qui ne pouvaient être célébrées plus de deux fois par an, furent déclarées obligatoires pendant dix journées au moins. Trajan fit mieux encore. Après sa victoire sur les Daces, il organisa une série de représentations qui durèrent cent vingt-trois jours et auxquelles prirent part dix mille hommes, c'est-à-dire autant qu'Auguste en avait fait combattre en dix-sept années. Bientôt, les gladiateurs professionnels ne suffisant plus aux besoins de l'arène, on eut recours aux condamnés publics. Il en venait de toutes les provinces de l'Empire, par convois réguliers. Les tribunaux devinrent ainsi les pourvoyeurs du cirque. De préférence, les criminels étaient réservés aux luttes contre les animaux féroces. Mais, pour les grandes fêtes, il fallait attendre l'occasion d'un triomphe : les captifs procuraient alors une ample recrue à l'amphithéâtre. Le Colisée a vu mourir, de la sorte, des Bretons, des Suèves, des Daces, des Quades, des Sarmates, des Éthiopiens, des Parthes, et plus tard, des Goths, des Alains, des Gépides, précurseurs des peuples qui subjugueront bientôt Rome (1). Ces représentations-là étaient les plus recherchées de toutes, comme étant les plus pittoresques et les plus animées; car les captifs de chaque pays combattaient avec leurs costumes, leurs armes et leur escrime propres. Souvent, ces gladiateurs forcés refusaient de se prêter au jeu atroce qu'on leur imposait, et préféraient le suicide. Un jour, trente Germains s'étranglèrent dans leur prison, à l'instant de descendre dans le cirque. Seule entre toutes, la civilisation romaine a connu ces horreurs. Jamais, avant elle, on n'avait eu l'idée que la souffrance et la mort pussent être données en spectacle, que l'effusion du sang pût être offerte à l'amusement d'un peuple.

L'ironie du sort a voulu que ces divertisse-

(1) Le dernier combat de ce genre eut lieu en 404, sous Honorius, à l'occasion des victoires remportées par Stilicon sur les Goths. Six ans plus tard, Alaric entrait dans Rome et la dévastait.

ments ignobles assurassent le salut moral de l'humanité. La foi du monde s'est décidée dans l'arène de l'Amphithéâtre Flavien. C'est là que le christianisme a triomphé par ses martyrs; c'est là qu'il a fait ses plus belles conquêtes; c'est là qu'il a opéré ses plus difficiles conversions. La force impériale a rencontré là une résistance indomptable. En confessant leur foi jusque sous la dent des bêtes, quelques pauvres gens, aux noms oubliés, ont vaincu le despotisme romain.

Pendant le moyen âge, le Colisée fut la ruine la plus notoire de Rome, celle dont les pèlerins emportaient le plus grand souvenir. Au huitième siècle, une prophétie s'accrédita, selon laquelle la chute de l'édifice marquerait la fin de Rome et du monde : *Quamdiu stat Colyseus, stat et Roma. Quando cadet Colyseus, cadet et Roma. Quando cadet Roma, cadet et mundus*. La destination primitive du monument était d'ailleurs oubliée. Il n'en paraissait que plus imposant; car on ne doutait pas qu'il eût été jadis recouvert d'une voûte. Avec non moins d'assurance, on y reconnut un ancien Temple du Soleil. On désigna même l'architecte, Virgile, qui passait pour avoir eu le don de magie : une construction aussi énorme n'avait pu être élevée, en effet, que par des moyens surnaturels.

Puis, des barons romains, les Frangipani, les Annibaldi, transformèrent l'amphithéâtre en forteresse. En 1312, l'empereur Henri VII les contraignit à le restituer au Sénat et au peuple. L'édifice redevint alors ce qu'il avait été originairement : un lieu de spectacles. On y organisa des combats de taureaux et des représentations dramatiques. Mais le retour du Saint-Siège à Rome, après l'exil d'Avignon, porta un coup funeste au Colisée. On s'en servit comme d'une carrière, pour construire des églises et des palais. De Nicolas V à Paul III, c'est-à-dire pendant plus de cent années, ce vandalisme inconscient se poursuivit. Le monument était d'ailleurs si farouche et broussailleux, que les loups y avaient élu domicile. Le 10 décembre 1512, un de ces animaux se jeta au travers du cortège de Jules II et s'esquiva dans les vignes du Cælius. Ils infestaient le quartier au point qu'il fallut instituer une prime pour les détruire.

La dévastation recommença au dix-huitième siècle. L'édifice ne fut sauvé que le jour où Benoît XIV le consacra, en mémoire des martyrs, à la Passion de Jésus-Christ. Ce qui le protégea mieux, c'est un sentiment tout moderne, fait d'art et de rêverie : le sentiment des ruines. La date où il apparut peut être marquée avec exactitude. En 1739, le président de Brosses l'ignorait encore, puisqu'il souhaitait qu'on abattît une moitié du Colisée pour restaurer l'autre : « car il vaudrait mieux, disait-il, avoir une moitié d'amphithéâtre en bon état qu'un amphithéâtre entier en ruines. » Mais, à vingt-cinq ans de là, Duclos écrivait cette phrase mémorable : « Les débris de monuments jettent l'âme dans une sorte de mélancolie qui n'est pas la tristesse, et font naître des réflexions sur le sort des empires. » La note est désormais donnée. On sait comme un Gœthe, un Chateaubriand, un Byron l'ont amplifiée, quels effets d'éloquence et de lyrisme ils en ont tirés.

LE PANTHÉON

Le monument d'Agrippa. — Les constructions d'Adrien et de Septime Sévère.

Au premier aspect, on est frappé surtout des contrastes. Entre la façade et le corps de l'édifice, on ne saisit aucun rapport. L'une, composée de colonnes et de plates-bandes, n'est faite que d'éléments rectilignes; l'autre, élevé sur plan circulaire, n'est formé que de surfaces courbes. Le vestibule, élégant et lumineux comme un *pronaos* grec, s'ouvre largement aux regards du dehors; la rotonde, au contraire, est grave, massive et close comme un sépulcre.

L'histoire du monument explique ces disparates.

Marcus Agrippa, l'ami d'Auguste et qui allait devenir son gendre, aussi ingénieux à servir le maître qu'à flatter le peuple, avait entrepris, à ses frais, l'embellissement de la capitale. Édifices publics, voies, aqueducs, fontaines, statues, portiques, — il ne cessait de construire et de restaurer. En l'année 33, il bâtit sur le

Champ de Mars des thermes vastes et somptueux, — les premiers thermes que Rome ait connus. Six ans plus tard, il y adjoignit un temple d'une richesse extrême, dédié aux divinités protectrices de la *Gens Julia* : les statues de Mars, de Vénus et de Jules César en occupaient les autels principaux. Autour de cet ensemble architectural s'étendaient de magnifiques jardins, arrosés d'eaux vives.

Il ne reste du sanctuaire primitif que le vestibule et le fronton. Encore ces deux parties ont-elles subi d'importantes modifications, au temps de Septime Sévère (203). A cette époque, en effet, l'ordonnance fut ramenée de dix colonnes à huit, par la suppression des supports extrêmes et par l'abaissement des rampants. Le style corinthien apparaît là dans toute sa beauté. La fantaisie ornementale des architectes n'a rien créé de plus heureux que ces chapiteaux où la feuille d'acanthe s'épanouit avec ampleur, sans rien perdre de la finesse et de la fermeté qu'elle avait chez les Grecs.

La *cella* de l'édifice, incendiée sous le règne de Trajan, a été reconstruite par Adrien vers l'année 123. Mais la forme ancienne ne fut pas restituée. Un style nouveau, que Rome venait d'emprunter à l'Orient, fut employé : le style des grandes coupoles en massifs de briques. La disposition générale est d'une imposante simplicité. Au devant d'une paroi circulaire, une série d'admirables colonnes soutient un entablement, sur lequel repose un attique. De là s'élève un dôme énorme, creusé de larges caissons, et dont la courbe hardie s'achève à quarante-cinq mètres du sol. Aucune ouverture, aucune fenêtre dans cette immense voûte, sinon un orifice annulaire au sommet. Tombant d'une telle hauteur et de ce point unique, la lumière allonge toutes les ombres des saillies, s'épanche en nappes mystérieuses sous les architraves et les niches, fait ressembler l'ancien temple des Césars à un sépulcre colossal, à une crypte gigantesque.

En 610, ce merveilleux monument fut dédié à la Vierge et l'on y transféra les principales reliques des Catacombes, afin de les soustraire aux dévastations des Lombards. D'où, le vocable attribué à l'église : *Sancta-Maria-ad-Martyres*. Le sanctuaire fut bientôt l'un des plus vénérés de la Ville Apostolique. Il n'en fut pas moins pillé à fond, durant le séjour de l'empereur Constant II à Rome, en 663. Les papes du moyen âge et de la Renaissance tâchèrent plusieurs fois de le réparer. Mais, en 1631, Urbain VIII, reprenant l'œuvre du César byzantin, fit arracher la superbe charpente de bronze qui soutenait le toit du vestibule et qui est devenue le tabernacle de Saint-Pierre. Enfin, un siècle plus tard, Benoît XIV le dépouilla de sa dernière parure, — le splendide placage de porphyre et de marbre qui ornait l'attique.

En dépit de sa misère, le Panthéon a excité à travers les âges les plus vives admirations parmi les artistes et les savants. L'architecte du Baptistère de Florence s'en est certainement inspiré; Bramante en a tiré parti pour le dôme de Saint-Pierre; Raphaël a voulu y poursuivre, dans la tombe, son rêve de beauté

Cet hommage du Sanzio a pris une forme infiniment touchante. L'artiste est enseveli dans une des chapelles, restaurée par lui-même. Une Vierge, dont il avait esquissé le modèle et que son élève Lorenzetto a sculptée, surmonte l'autel. Un sentiment si vif de l'antique anime cette statue que l'on croît reconnaître, sous ses voiles, une ébauche de la Vénus de Milo. Près du maître dorment ses disciples, Balthazar Peruzzi, Giovanni da Udine, Perino del Vaga, toute l'élite de l'école romaine. Et, pour que nulle douceur ne manquât aux songes du mort, sa fiancée, la tendre Maria Bibiena, repose là aussi.

Hic ille est Raphael, timuit quo sospite vinci
Rerum magna parens, et moriente mori

LE FORUM DE TRAJAN

La colonne Trajane. — La légende de Trajan au moyen âge.

Le Forum de Trajan faisait suite aux vastes ensembles monumentaux par lesquels les premiers Césars avaient peu à peu étendu le Forum de la République sur le revers septentrional du Mont Capitolin. L'architecte grec qui en était l'auteur, Apollodore, y avait déployé une magnificence extraordinaire et du meilleur goût. On y admirait un temple dédié à l'Empereur, un arc triomphal, une colonne, deux hémicycles, deux bibliothèques, et cette fameuse Basilique Ulpienne qui servit plus tard de modèle aux grandes églises fondées par Constantin. Quelques débris de portiques sont tout ce qui reste de ces édifices, dont le tiers à peine est déblayé. La colonne seule est demeurée intacte.

Elle était destinée à recevoir, dans son piédestal, les cendres de Trajan, et elles les y abrita, en effet, jusqu'au jour où les Goths d'Alaric dérobèrent l'urne d'or qui les contenait. Au-dessus du socle se dresse un majestueux fût de marbre ciselé, dont le chapiteau dorique supportait primitivement la statue de l'Empereur.

Les bas-reliefs qui s'enroulent autour de la colonne racontent, dans une sorte d'épopée sculpturale, les deux guerres soutenues contre les Daces. Chaque panneau est comme un chapitre de cette histoire belliqueuse. Passages de rivières, marches en plaine et en forêt, avant-gardes et reconnaissances, bivouacs et retranchements, assauts, combats, poursuites, villes prises, conseils de guerre, sacrifices religieux, hivernages, ambulances, etc., toute la vie des légions romaines en campagne est retracée là. Et partout l'*Imperator* est présent. Il nous est montré plus de cinquante fois, tantôt dans l'exercice majestueux de ses fonctions suprêmes, dans son double rôle de généralissime et de Grand Pontife, — tantôt dans l'existence quotidienne au milieu de ses troupes, partageant leurs fatigues et leurs périls, s'astreignant à leurs privations, leur donnant la forte leçon de l'exemple, comme avait déjà fait César, comme feront plus tard Charles XII et Napoléon.

D'un intérêt singulier au point de vue historique, ces sculptures n'ont qu'une valeur médiocre sous le rapport de l'art. Exécutées d'une main lourde et rude, composées de plans et de personnages trop nombreux, elles sont la négation même des règles posées par les Grecs, qui recherchaient avant tout, dans le bas-relief, la clarté concise de l'ordonnance et la finesse du travail plastique.

La conception de l'édifice est d'ailleurs éminemment romaine. L'idée ne serait jamais venue aux Grecs de consacrer à la gloire d'un homme un pareil monument, de faire aboutir à l'image déifiée de cet homme l'effort héroïque de toute une armée.

Au cours des invasions, la colonne Trajane fut renversée. Ses blocs jonchèrent le sol jusqu'au jour où Paul III Farnèse les releva. En 1587, Sixte-Quint fit placer au faîte une statue de saint Pierre, de sorte que maintenant tout l'effort romain semble n'avoir eu d'autre raison, d'autre but que de préparer le triomphe du christianisme.

*

Une des légendes les plus curieuses du moyen âge est née sur le Forum de Trajan. Le pape saint Grégoire (590-604), traversant un jour ce quartier de Rome, s'arrêta, dit-on, devant un bas-relief où l'Empereur était représenté à cheval au milieu de ses troupes et suspendant sa marche pour rendre justice à une veuve qui le suppliait à genoux. Le bas-relief n'existe plus; mais il est probable que la femme prosternée y jouait un rôle symbolique : elle figurait sans doute, selon l'usage, quelque nation vaincue ou quelque ville prise, implorant la clémence impériale. Toujours est-il que Grégoire fut saisi d'une émotion profonde à la pensée qu'un prince aussi vertueux que Trajan était damné. « Il pria et pleura », dit son biographe : *oravit et flevit*. Et sa prière fut si ardente, ses larmes si douloureuses, que Dieu lui répondit : « Sois consolé; je pardonne à Trajan. Mais, à l'avenir, garde-toi d'intercéder pour des impies. » Sur la foi de cette anecdote, l'opinion s'accrédita que l'âme de Trajan était affranchie des tourments éternels. Cependant quelques théologiens soulevaient des objections. Puisque nul n'est sauvé s'il n'a été baptisé, comment un païen pouvait-il être libéré de l'enfer? Comment admettre une dérogation aussi grave à un dogme aussi fondamental? Saint Thomas d'Aquin tourna la difficulté en imaginant que, sur la prière de saint Grégoire, Trajan avait été rendu momentanément à la vie terrestre, et que, le

Pape lui ayant aussitôt conféré le baptême, il avait pu connaître ensuite le sort des justes. L'explication, pour subtile qu'elle fût, convainquit tout le monde. Et ce fut, dès lors, pour les âmes tendres, une grande douceur de ne plus mettre en doute le salut de Trajan.

La légende a reçu de Dante une admirable consécration. Au dixième chant du *Purgatoire*, il nous décrit le bas-relief dont la vue arracha des larmes au pape Grégoire. Avec un art merveilleux, avec un sentiment extraordinaire de la couleur et de la forme, le poète évoque à nos yeux toute la scène : le « prince romain rayonnant de gloire »; devant lui, la jeune veuve, *una vedovella*, en larmes et « s'accrochant au mors du cheval; » autour d'eux, la foule piaffante des cavaliers; enfin, dominant le cortège, « les aigles d'or agitées par le vent. » Un dialogue sublime entre la veuve et l'Empereur achève la vision.

A cinq siècles et demi de distance, la légende a inspiré un second chef-d'œuvre, aussi pathétique, aussi éclatant : le tableau d'Eugène Delacroix qui est au Musée de Rouen.

LES THERMES DE CARACALLA

Les bains à Rome. — Les grandes voûtes romaines.

C'est au soleil couchant et par un soir d'été qu'il faut voir ces ruines pour la première fois : l'image qui s'en grave dans le souvenir ne s'efface plus. Ces immenses débris rougeâtres, ces hauts murs écroulés, ces énormes piles béantes, ces colossales voûtes crevées, ces saillies étranges et ces grands trous obscurs, ces contrastes violents de la lumière et de l'ombre, tout ce chaos monstrueux et fantastique fait songer aux restes d'une ville cyclopéenne que les Titans auraient foudroyée.

On a peine à se figurer qu'un pareil édifice n'était qu'un établissement de bains. Depuis le règne d'Auguste, l'usage des thermes était devenu la fonction la plus absorbante sinon la plus importante de la vie romaine. On se baignait chaque jour et, durant la belle saison, plusieurs fois par jour. Mais le plaisir de se laver n'était pas le seul qui attirât le public dans ces établissements. C'étaient aussi des lieux de réunion, analogues aux gymnases des villes helléniques et aux cercles des capitales modernes. On y trouvait des jardins pour la promenade, des péristyles pour la conversation. des salles pour la lecture et le repos, une palestre pour les jeux athlétiques, des stades pour les courses, des exèdres pour les conférences littéraires, sans compter les magasins, les parfumeries, les restaurants, — bref tout le confort matériel et moral que pouvait réclamer une société oisive, fastueuse et raffinée. Agrippa, Néron, Vespasien, Titus avaient enchéri l'un sur l'autre pour doter Rome des thermes les plus magnifiques. Caracalla réussit à surpasser tout ce qu'on avait fait avant lui (217). La façade sur la Voie Appienne mesurait plus de trois cents mètres. Toutes les proportions de l'édifice étaient gigantesques. Une des salles, le *laconicum* ou étuve, se composait d'une coupole presque aussi large que celle du Panthéon et portée sur deux étages d'arcades. La décoration n'était pas traitée avec moins de grandeur. Le marbre, le porphyre, l'albâtre, le jaspe, le granit, le basalte étaient prodigués pour le revêtement des murs, pour les colonnes, les piscines et les vasques. De superbes mosaïques recouvraient le sol. Des caissons peints ou dorés faisaient briller les voûtes. Les plus célèbres statues, parmi lesquelles le *Taureau Farnèse*, la *Vénus* du Musée Chiaramonti, la *Vénus Callipyge*, l'*Hercule* et la *Flore* du Musée de Naples, le *Dionysos* du British Museum, ornaient les salles et les portiques. Dans ce luxe, on aurait assurément relevé plus d'une faute de goût. Mais tout ce qui est de la construction ne peut qu'être admiré. Le système des voûtes maçonnées y atteint son plus haut degré de maîtrise. Importée d'Asie au début de l'ère impériale, cette manière de bâtir offrait le triple avantage d'être expéditive, économique, et de s'adapter aux programmes les plus vastes. Elle convenait donc merveilleusement aux exigences de l'époque. Il fallait construire vite, en effet; car la volonté des empereurs ne souffrait pas de retard. Il fallait aussi couvrir d'énormes espaces; car la population de la capitale croissait chaque jour, en même temps que ses besoins devenaient plus variés. Le procédé nouveau exigeait, il est vrai, une main-d'œuvre considérable; mais ce n'était qu'une main-d'œuvre grossière, à vil prix et que les nations vaincues fournissaient inépuisablement. Un temple grec, où le moindre détail avait sa valeur, où la coupe et la pose de la pierre comportaient les raffinements les plus délicats, ne pouvait être construit que par des artistes. Mais pour élever ces massifs de blocage, ces voûtes de béton et ces armatures de briques, n'importe quels bras suffisaient. Aussitôt que l'architecte avait tracé le plan sur le terrain, des milliers d'hommes, dirigés par quelques artisans, s'y installaient. Sous la poussée de leur effort machinal, l'ouvrage progressait vite. Les piles, les arcs, les coupoles surgissaient de terre, comme par miracle. En peu de mois, l'édifice apparaissait dans ses lignes essentielles, avec ce caractère de hardiesse, de puissance et de stabilité que, par un étrange paradoxe, Rome rechercha d'autant plus dans ses monuments qu'elle inclinait davantage vers sa ruine.

LES CATACOMBES DE SAINT-CALLISTE

Les formules décoratives. — L'image du Christ. — Allégories et symboles. — Les premiers états de la conscience chrétienne.

L'impression première est toute de sérénité. Jamais le séjour de la mort ne présenta un aspect moins lugubre, moins effrayant. Sur les murs, on ne lit que des paroles d'espoir, des vœux de quiétude, des promesses de lumière, de fraîcheur, de repos. Et les images peintes ne représentent que des scènes paisibles, des emblèmes d'affranchissement, des symboles de résurrection. Par instant même, on hésite à se croire au milieu de sépultures chrétiennes, tant l'art qui s'y manifeste a conservé le caractère païen. Les formules ornementales du style gréco-latin s'y reconnaissent à chaque pas; les types classiques se retrouvent partout. Telle agape eucharistique semble un banquet profane; tel décor d'arabesques pourrait se voir au Palatin; telles jeunes femmes qui traversent l'espace, une coupe de fleurs à la main, seraient à leur place dans une villa de Pompéi.

Un autre motif de surprise est qu'on ne voit presque jamais de croix dans les Catacombes ; on n'en connaît même que deux représentations qui datent du quatrième siècle, sinon du cinquième. Et l'on y chercherait en vain le crucifix. C'est que les Anciens attachaient une infamie particulière au supplice de la croix. On l'épargnait aux citoyens romains, on le réservait aux esclaves, aux voleurs, aux condamnés les plus ignominieux. Le gibet du Golgotha était, pour les païens, un sujet continuel de dérision à l'égard des chrétiens qui défendaient presque Jésus d'être mort dans un tel opprobre. Aussi la plus antique figuration du Sauveur crucifié n'est-elle pas d'une main chrétienne : c'est la célèbre caricature, griffonnée sur le mur d'un corps de garde du Palais impérial. Elle représente un jeune homme en adoration devant un personnage à tête d'âne, attaché sur une croix. Au-dessous, on lit, en lettres grecques : « Alexamène adore son Dieu (1) ». L'effigie du Christ

(1) Le crucifix n'apparaît dans les églises qu'au huitième siècle. Mais, jusqu'au onzième, c'est Jésus triomphant et non pas Jésus agonisant qui est toujours figuré sur la croix. L'artiste évite avec soin tout ce qui pourrait évoquer

vivant est presque aussi rare, dans les Catacombes, que celle du Christ mort. Cette hésitation, cette réserve à reproduire les traits de Jésus provient, sans doute, de l'incertitude où l'on était quant à l'image réelle du Sauveur. On sait avec quelle passion l'Église naissante agita cette question. Les uns, arguant des prophéties messianiques, soutenaient que le Fils de Dieu était le plus laid des hommes; on allait même jusqu'à lui attribuer des formes abjectes. C'était l'avis de Tertullien notamment. Les autres affirmaient, au contraire, qu'une grâce ineffable ornait le visage du Rédempteur, et que la sublimité de son âme transparaissait dans ses yeux. Sans le savoir, ceux-là restaient fidèles à l'antique idéal du paganisme, qui faisait de la beauté physique le premier des attributs divins. Leur thèse paraît avoir prévalu, pendant un assez long temps, parmi les décorations des Catacombes; car, généralement, le Christ y est représenté jeune, imberbe, avec des traits fins, un sourire doux et de longs cheveux ondulés. Ce n'est guère avant le

l'idée de souffrance et d'infamie. C'est l'apothéose qu'il représente, et non pas le supplice. L'image du Christ sanglant, émacié, cadavérique, ne prévaut que vers le milieu du douzième siècle.

triomphe de l'Église que le type actuel a été conçu.

Les sujets qui sont le plus fréquemment traités sur les murs et les voûtes consistent en symboles, tels que l'ancre, la colombe, la palme, le poisson, l'agneau, ou en allégories, telles que le Bon Pasteur rapportant la brebis égarée, le navire battu par la tempête, Orphée apprivoisant les bêtes féroces aux sons de sa lyre, etc... Une image encore plus souvent reproduite est celle d'une femme qui prie debout, les bras étendus. C'est l'*orante*, poétique emblème de l'âme affranchie de l'épreuve terrestre et transportée au ciel, où elle intercède en faveur des survivants.

La Bible n'a fourni aux peintres funéraires qu'un petit nombre de motifs. — Adam et Ève, Noé dans l'arche, le sacrifice d'Abraham, Moïse frappant le rocher d'Horeb, Jonas et la baleine, Daniel dans la fosse aux lions, le paralytique guéri, Lazare ressuscité, le repas de Tibériade, etc.

De même que pour la croix, on s'étonne de ne rencontrer que fort peu d'images à signification dogmatique. La doctrine et la liturgie sont presque absentes des Catacombes. On y chercherait en vain les formules de Nicée. Moins encore y trouverait-on la trace des grandes controverses qui, dès le quatrième siècle, ont partagé l'Église. Assurément, les chrétiens qui venaient déposer ici leurs morts ne se souciaient guère de la nature du Verbe et de la substance du Fils. Seules, quelques tombes ecclésiastiques font exception.

Mais si la théologie se montre à peine, le sentiment moral s'exprime partout. Et c'est là le charme infini des Catacombes. Nulle part on n'évoque mieux les premiers états de la conscience chrétienne, son spiritualisme enthousiaste, ses besoins d'amour et de rédemption, son idéal nouveau de justice et de fraternité, son culte pur de Dieu.

Est-il, par exemple, rien de plus significatif que cette égalité dans la mort, ce rapprochement de toutes les conditions? Le pauvre et le riche, l'ouvrier et le patricien, le fossoyeur et l'évêque dorment côte à côte, sous la garantie des mêmes promesses, dans l'attente du même réveil. Pour la première fois, l'esclave est relevé de l'incapacité religieuse qui le frappait depuis des siècles. Pour la première fois, une valeur morale lui est reconnue, et il participe aux rites sacrés. D'ailleurs, saint Paul n'a-t-il pas dit : « Il n'y a plus d'esclave ni de maître;

car vous n'êtes plus qu'une seule chose en Jésus-Christ? » Le travail aussi est réhabilité. Honneur est rendu à l'artisan qui a longtemps peiné sur l'ouvrage. Et, pour qu'il ne doute pas de sa dignité nouvelle, l'outil de son métier est gravé sur sa tombe. Ainsi, le marteau, la serpe, la doloire, l'équerre deviennent signes de noblesse et remplacent, sur les sépultures chrétiennes, les pompeuses épitaphes qui, sur les sarcophages païens, rappellent les titres officiels du mort, les hauts grades obtenus, les grandes fonctions remplies.

SAINT-CLÉMENT

L'évêque Clément. — Le sanctuaire de Mithra. — L'église primitive. — Grégoire VII et le sac de 1084. — La basilique du onzième siècle.

Entre le Cælius et l'Esquilin, à deux pas du Colisée, une église consacre le souvenir de saint Clément.

L'évêque Clément, qui mourut sous Trajan, fut, après les Apôtres, la plus grande figure du christinianisme primitif. Ayant connu saint Pierre et saint Paul, il se considérait comme leur successeur direct, comme l'héritier de leurs pouvoirs et le dépositaire de leur pensée. Un haut sentiment de sa primauté l'inspirait. S'il n'eut pas le titre de pape, il en tint déjà le langage. L'idée de transmission apostolique et de hiérarchie sacerdotale date de lui. Son épitre aux Corinthiens fut comme la première pierre du catholicisme romain.

Il demeurait au lieu même où la basilique se voit aujourd'hui.

L'édifice est précédé d'un *atrium* auquel

accède un porche à voûte d'arête élevée sur quatre colonnes antiques.

Les fouilles ont fait découvrir, sous la basilique actuelle, une seconde église recouvrant elle-même une construction plus ancienne, où l'on a reconnu un sanctuaire de Mithra.

L'église inférieure, bâtie vers 360 et plusieurs fois restaurée dans la suite, possède une importante série de fresques, exécutées du huitième au onzième siècle. Les premières sont d'un dessin grossier et d'une raideur toute byzantine. Elles n'en présentent pas moins un vif intérêt, au point de vue religieux : on y remarque les plus anciennes images qui existent du Christ au Calvaire et de l'Assomption. Dans les fresques du onzième siècle, le dessin est encore très inhabile. Mais quelle différence, quant aux sentiments! Les personnages s'animent, les physionomies s'éclairent, les attitudes s'assouplissent, les groupes s'ordonnent. L'art commence à se dégager du formalisme oriental. Devant telle figure, comme celle de la mère agenouillée qui retrouve son fils, on pressent déjà Giotto. Ces dernières peintures sont également fort curieuses, au point de vue historique. La *Messe de saint Clément,* par exemple, nous offre le tableau exact d'une grande cérémonie chrétienne vers l'an 1079. Le prêtre y est revêtu de la chasuble appointée; il porte en outre le pallium à l'épaule et le manipule à l'index. L'autel, recouvert d'une nappe blanche, ne laisse voir rien autre que le calice, la patène et l'évangéliaire; car le crucifix et les flambeaux n'étaient pas encore admis sur la table sainte. Du haut de là voûte descend une couronne de lumière à sept lampes, symbole des sept dons spirituels. Deux évêques se reconnaissent à leur crosse. Un diacre tient l'encensoir et la cassolette.

En 1084, la basilique, alors l'une des plus riches de Rome, fut entièrement détruite.

On sait quelle date sinistre cette année 1084 marque dans l'histoire de la Ville Éternelle. Impatient de venger l'affront de Canossa, Henri IV tenait Grégoire VII assiégé au Château Saint-Ange. Le Pape, à bout de ressources, appelle à son aide Robert Guiscard. Le rusé Normand accourt du fond de la Calabre. Le roi de Germanie s'enfuit aussitôt. Mais, durant trois jours, Rome est mise à feu et à sang par ses libérateurs. Tous les temples, tous les palais sont pillés, incendiés, saccagés. Quand le Normand se résout enfin à partir, il emmène, outre son butin, plusieurs milliers d'hommes et de femmes, qu'il vendit plus tard en Sicile « comme Juifs », *multa millia Romanorum vendidit ut Judæos, mulieres violenter prius oppressas.*

La Basilique de Saint-Clément fut reconstruite l'une des premières. L'intérieur est divisé en trois nefs, que séparent des colonnes ioniques en marbre de Numidie. Au milieu de la nef centrale est placé le chœur, la *schola cantorum,* où se tenaient les chantres et les diacres; un mur à hauteur d'appui l'enclôt; les ambons et le cierge pascal se dressent sur les côtés. Au delà, le sanctuaire, élevé sur trois marches et séparé du chœur par une balustrade ou *chancel* de marbre, renferme le maître-autel surmonté d'un *ciborium*. Au fond de l'hémicycle, le siège épiscopal, *cathedra,* domine l'espace réservé aux prêtres, *presbyterium*. C'est l'ordonnance parfaite d'une basilique ancienne; l'archéologie religieuse possède là un exemplaire classique.

Au point de vue de l'art, le monument n'est pas d'un moindre intérêt. Les ambons, la clôture du chœur, le chancel, la majeure partie des panneaux et des pilastres proviennent de l'édifice saccagé en 1084, et datent du sixième siècle; ils sont du plus bel effet décoratif. L'extrême simplicité des formes ornementales, l'ingénieuse combinaison des lignes, le contraste harmonieux des porphyres et des marbres, enfin le goût qui a présidé à tout le travail, permettent de citer cette œuvre comme la plus parfaite du genre.

Mais il y a mieux encore : la mosaïque de l'abside.

Le Christ en croix, avec la Vierge et saint Jean à ses pieds, apparaît au centre d'un immense fleuron qui s'épanouit, en rinceaux magnifiques, sur le fond d'or de la voûte. Au-dessous, les quatre fleuves du Paradis, Gehon, Phison, Tigris, Euphrates, déversent les ondes vives du salut. Deux cerfs viennent s'y désaltérer : « Comme le cerf soupire après les eaux, ainsi mon âme, toute brûlante de soif, soupire vers Dieu (1). » Entre les volutes du fleuron, l'artiste a placé des oiseaux, des enfants, des pasteurs gardant leurs brebis, de jeunes tritons chevauchant des dauphins. Par l'inspiration, c'est là un décor presque antique et tel qu'on en voit souvent sur des mosaïques du quatrième siècle. Lorsqu'on a reconstruit l'église après le désastre de 1084, on n'a fait sans doute que recopier, dans l'abside nouvelle, l'œuvre qui ornait l'ancienne; peut-être même en a-t-on utilisé des parties importantes.

(1) *Psaumes*, XLI.

SAINTE-PUDENTIENNE

La mosaïque absidale. — La Renaissance constantinienne.

La légende rapporte que, sous le règne de Néron, le sénateur Prudens, cédant aux prières de ses filles Praxède et Pudentienne, donna refuge à saint Pierre, dans son palais du Viminal. Un oratoire fut élevé ensuite à l'endroit où l'Apôtre trouva peut-être asile pour ses derniers jours.

L'église actuelle, déplorablement restaurée, n'offre aucun intérêt architectural ; mais elle renferme une œuvre capitale dans l'histoire de l'art chrétien : la mosaïque de l'abside.

Au pied d'une croix constellée de pierreries, le Fils de Dieu, drapé dans un manteau d'azur et d'or, siège sur un trône étincelant. Autour de lui, les Apôtres sont assis (deux figures manquent, par suite d'une réparation de la voûte). A droite et à gauche du Christ, deux jeunes femmes portant des couronnes représentent l'universalité des fidèles dans sa double origine hébraïque et païenne : *Ecclesia ex circumcisis, Ecclesia ex gentibus*. A l'arrière-plan, un décor de remparts, de palais et de portiques symbolise magnifiquement la Jérusalem céleste.

L'œuvre a été exécutée vers la fin du quatrième siècle, c'est-à-dire dans l'ère triomphale que fut, pour le christianisme, le règne de Théodose. Postérieure d'une cinquantaine d'années à la mort de Constantin, cette époque a été justement appelée la Renaissance constantinienne, car c'est bien à l'auteur de l'Édit de Milan qu'est dû le grand mouvement moral où l'art antique s'est rénové.

La mosaïque de Sainte-Pudentienne est un témoignage superbe de l'idéal nouveau. Composition générale, groupement des personnages, expression des physionomies, aisance et variété des attitudes, superbe des draperies, quelle maîtrise! quel style!

C'est la première fois peut-être que l'art réalise des types chrétiens. On a vu comme les décorateurs des Catacombes demeuraient esclaves de la tradition païenne. Ici, des figures nouvelles apparaissent. Les visages sont empreints d'une dignité, d'une noblesse qu'on n'avait pas encore exprimées. Par leur geste, par leur vêtement, par leur regard, les deux jeunes femmes qui s'inclinent vers le Christ traduisent excellemment la révolution qui vient de s'opérer dans les âmes et dans les mœurs; elles semblent illustrer l'admirable homélie de saint Clément : « La femme chaste est la plus belle chose du monde, le plus parfait souvenir de la création primitive. La femme pieuse est le parfum de l'Église; elle charme Dieu lui-même. Dieu l'aime; elle est son enfant, la fiancée de son Fils. Une lumière sainte la revêt!... »

SAINTS-COSME-ET-DAMIEN

La mosaïque absidale. — L'art romain au sixième siècle.

Au pied de l'Esquilin, tout près de la Basilique de Constantin, s'élève l'étrange Église des Saints-Cosme-et-Damien.

L'édifice, composé d'une seule nef qui s'achève en abside, a pour vestibule une rotonde, érigée sur la *cella* d'un temple antique.

A l'intérieur, la disposition est plus singulière encore. Pour parer à l'exhaussement progressif du sol environnant, il a fallu, au dix-huitième siècle, relever le pavage du monument par une sorte de voûte. Il en est résulté, dans les lignes horizontales de l'architecture, un défaut de raccord qui est particulièrement visible à la partie supérieure de l'abside.

L'église a été construite en 528, sous le pontificat de Félix IV, c'est-à-dire au crépuscule de la grande nuit d'hiver qui pendant trois siècles va s'étendre sur l'art romain.

Le dernier effort de cet art expirant apparaît ici, dans la merveilleuse mosaïque de la conque absidale.

Sur un ciel d'un bleu sombre où scintillent des nuages de pourpre et d'or, le Christ se dresse grave, majestueux et d'une mélancolie sublime. Du bras droit, il fait le geste qui accueille et pardonne. Sa main gauche tient le livre des secrets divins qu'il est venu révéler : *Jesus liber sigillatus*. A ses pieds, sur un terrain émaillé de fleurs, les princes des Apôtres, revêtus de la toge et du pallium, lui présentent les martyrs arabes Cosme et Damien. Les eaux salvatrices du Jourdain coulent près de là. Et, du haut d'un palmier, un phénix, symbole de la résurrection, prend son essor. Deux autres personnages, Théodore et le pape Félix IV, participent à la scène principale.

Cette œuvre, si imparfaite, si grossière à tant d'égards, est cependant de celles qu'on n'oublie pas ; car elle est tout imprégnée de vie morale. L'apparition du Christ au travers de la nuée de pourpre et d'or est une des plus émouvantes que l'art ait évoquées. Quant aux deux martyrs, quelles obsédantes figures ! Rudes, presque barbares, mais belles de souffrance et d'énergie, elles semblent l'image du fanatisme dans une âme inculte.

SAINTE-MARIE-L'ANTIQUE

La Basilique palatine. — Martin Ier et Jean VII. — Rome et Byzance.

Au pied du Palatin, à l'endroit où s'élevait naguère l'Église de Sainte-Marie-Libératrice, les archéologues ont exhumé un des monuments religieux les plus intéressants qui soient à Rome : l'Église de Sainte-Marie-l'Antique.

La façade bordait la *Via Nova,* près du Temple d'Auguste. Un monastère attenait à l'un des murs latéraux. Sur l'autre côté de la rue, un bâtiment d'habitation et un oratoire isolé occupaient la place qui sépare la demeure des Vestales du Temple des Dioscures.

Construite vers le milieu du quatrième siècle, l'église est conforme au plan des premières basiliques chrétiennes. On y voit un *atrium*, un *narthex,* un long vaisseau divisé en trois nefs par deux rangs de colonnes corinthiennes, une *schola cantorum,* un *presbyterium,* un arc triomphal et, dans le fond de la nef majeure, une abside.

Ce qui frappe, dès l'abord, c'est la richesse de la décoration murale. Il n'est pas une surface qui ne soit ornée de fresques.

Ces compositions datent, pour la plupart, du pontificat de Jean VII (705-707); les plus récentes, celles de l'abside, paraissent avoir été peintes vers le milieu du neuvième siècle. Exécutées par des artistes byzantins, elles représentent des scènes bibliques et des personnages sacrés, Joseph en Égypte, David et Goliath, les Prophètes, l'Annonciation, l'Adoration des mages, le Crucifiement, les Apôtres, le Sauveur dans sa gloire, et tout un cortège de saints, de martyrs et de papes. On y reconnaît les types traditionnels de l'iconographie orientale, avec leur aspect accoutumé de raideur ascétique. Çà et là, pourtant, quelques figures, — comme la Vierge trônant avec l'Enfant Jésus, le Christ au Calvaire, le Rédempteur entouré de Saints, — trahissent une inspiration personnelle, d'où leur vient une austère poésie, une beauté simple et forte.

Fût-elle moins ornée, Sainte-Marie-l'Antique n'aurait guère moins de prix. D'abord, le lieu même où elle a été construite suffirait à la rendre intéressante. Quel site, en effet, pour une église chrétienne! Les monuments les plus vénérés du paganisme l'enserraient de toute part. On n'y pouvait accéder sans passer devant les sanctuaires de Castor et de Pollux, de Vesta, de Juturne, de César, d'Auguste. Il n'y avait pas, sur tout le Forum, un endroit aussi riche en souvenirs sacrés. Le prestige de la puissance impériale s'y manifestait également ; car le Palais de Tibère s'étendait jusque-là. Élever une basilique en un pareil lieu, — ce seul fait suffirait à prouver combien, vers l'année 350, le christianisme était puissant déjà et sûr de sa force. Sainte-Marie-l'Antique offre encore cette particularité d'être la première église de Rome qui ait été consacrée à la Vierge, Sainte-Marie-Majeure n'ayant été fondée qu'en 364.

La Basilique palatine évoque enfin le souvenir des luttes qui, aux septième et huitième siècles, mirent aux prises le pouvoir apostolique et la souveraineté impériale, les successeurs de saint Pierre et les héritiers de Constantin. Grave débat, dans lequel se jouait l'avenir politique du Saint-Siège, et qui allait décider si l'Église romaine demeurerait dans l'allégeance byzantine, ou si elle deviendrait lombarde, ou si elle passerait au service des rois francs.

Un des protagonistes du conflit, Martin Ier,

a précisément son portrait sur un des murs de Sainte-Marie-l'Antique. Pour couper court à la fameuse querelle du monothélisme, l'empereur Constant II avait fixé, par édit, la solution doctrinale et défendu que la thèse fût jamais plus discutée. Au mépris de cet ordre, Martin Ier assembla un concile et fit annuler, comme hérétique, la sentence souveraine. L'Empereur riposta par un coup de force. Au printemps de 653, l'Exarque de Ravenne, Théodore Calliope, descendit sur Rome avec une troupe armée. Le Pape, malade à ne pouvoir quitter son lit, se fit transporter dans la Basilique du Latran, au pied même de l'autel. Dans la nuit du 17 juin, l'Exarque et ses hommes brisèrent les portes de l'église. Les serviteurs du pontife essayèrent de le défendre, tandis que ses chapelains accourus criaient au secours et proféraient l'anathème. Mais, d'un revers d'épée, les Byzantins éteignirent les cierges qui éclairaient la nef. Dans un violent tumulte, Martin fut entraîné au dehors. On le jeta dans une galère qui attendait sur le Tibre et qui l'emmena prisonnier à Constantinople. Durant six mois, il fut accablé d'outrages par son vainqueur. On le dégrada en place publique; on le promena, les chaînes au cou, à travers la ville; on l'exposa, des journées entières, aux insultes de la populace. Sa fermeté ne se démentit pas un instant. Pour finir, on le déporta en Chersonèse où il mourut presque aussitôt.

Un autre acteur de cette grande crise, acteur moins héroïque mais plus habile et plus heureux que Martin Ier, le pape Jean VII, a conféré à Sainte-Marie-l'Antique un titre de gloire encore plus précieux que ses fresques. Il a élevé contre les murs mêmes de la basilique une habitation luxueuse dont il fit sa résidence officielle et que, durant près d'un siècle, ses successeurs préférèrent au Latran. Une rampe faisait communiquer les bâtiments avec le Palatin. La nouvelle demeure pontificale se dressa donc en face des édifices délabrés où quelques fonctionnaires byzantins, le Duc de Rome et le Préfet de la Ville, représentaient l'autorité, chaque jour amoindrie, des empereurs d'Orient.

SAINTE-MARIE-*IN-COSMEDIN*

La *Schola græca.* — Le mobilier presbytéral au douzième siècle. — L'art des marbriers romains.

C'était ici, voilà quelque vingt ans, un des quartiers les plus pittoresques de Rome. La bâtisse rapiécée de Rienzi, le portique tétrastyle de Sainte-Marie-l'Égyptienne, le temple périptère de Vesta, le svelte campanile de Sainte-Marie-*in-Cosmedin* surgissant du fouillis des vieilles masures, la *Cloaca maxima* s'ouvrant sur le Tibre, au travers d'une berge demi-écroulée, sous un jardin de lauriers-roses, puis, à l'arrière-plan, les cyprès du Palatin et les débris grandioses des palais impériaux, tout cela composait un décor merveilleux, dont l'édilité moderne a détruit l'enchantement.

L'église de Sainte-Marie-*in-Cosmedin* s'élève sur les ruines d'un temple de Cérès, dont plusieurs colonnes sont restées engagées dans les murs actuels.

Aux septième et huitième siècles, la population grecque de Rome, les fonctionnaires et soldats byzantins habitaient ce quartier; ils y formaient une sorte de corporation, une *schola*. D'où le nom de *Sancta-Maria-in-Schola-græca* qui fut d'abord donné au sanctuaire. Les embellissements opérés par Adrien Ier en 772 firent changer le vocable primitif en celui de *Cosmedin*, du grec Κοσμίδιον, « ornement ». Mais l'appellation qui a prévalu dans le peuple est celle de *Bocca-della-Verita*, du fait d'un mascaron de marbre qu'on voit sous le vestibule moderne et qui, d'après une légende du moyen âge, servait à confondre les imposteurs en se refermant sur leur main.

Pendant les siècles sinistres qui suivirent la période carlovingienne, l'église tomba en ruines.

Vers 1120, le pape Calixte II entreprit de rendre à Sainte-Marie-la-Splendide son éclat primitif. L'abbé Alfanus, camérier pontifical, dirigea les travaux « à grands frais », comme nous l'apprend une inscription.

Cet Alfanus semble s'être épris de la beauté de son église au point d'en oublier toute modestie; car son nom reparaît, gravé trois fois, — d'abord sur le maître-autel, puis sur le siège épiscopal, enfin sur le pavement du chœur.

On voit, en outre, sous le portique d'entrée, son tombeau, sobre, austère et d'un effet imposant. L'ingénue vanité du mort se trahit encore dans l'épitaphe : *Alfanus, cernens quod cuncta pereunt, hoc sibi sarcophagium statuit, ne totus obiret :* « Alfanus, sachant que tout périt, s'est fait construire ce sarcophage, afin de ne pas disparaître tout entier. »

Sainte-Marie-*in*-*Cosmedin* renferme une Vierge majestueuse, peinte sur bois au huitième siècle. Le panneau porte cette inscription : Θεοτόκω, ἀεί παρθένω : « A la Mère de Dieu, toujours vierge ». L'épigraphe, tracée en lettres rayonnantes, n'est pas ici une formule ordinaire. Il est permis d'y voir une protestation. Vers 750, en effet, l'hérésie nestorienne semblait sur le point de renaître. La prérogative suprême de Marie était de nouveau contestée. Le grand empereur iconoclaste, Constantin V, avait interdit, sous peine d'exil, les prières à la Vierge, et le Patriarche de Byzance lui avait entendu tenir ce propos sacrilège : « Après tout, que nous arriverait-il, si nous appelions Marie *Mère de Jésus* et non *Mère de Dieu?* » La résistance au mouvement nestorien s'était concentrée à Rome. Les papes la soutenaient de tout leur pouvoir. Mais c'est évidemment dans la *schola græca* qu'elle devait se manifester avec le plus d'éclat.

Sainte-Marie-*in-Cosmedin* possède enfin quelques morceaux excellents de sculpture décorative.

Les deux ambons, édifiés en 1120, sont parmi les meilleurs qu'ait produits l'art des marbriers romains. La simplicité des lignes, la pureté des profils, l'ingénieuse distribution des surfaces, l'emploi discret de la mosaïque, conviennent parfaitement au caractère liturgique de l'objet. On sait que l'ambon est la tribune où le diacre venait lire l'évangile et l'épître, exécuter le graduel et les chants assimilés. Cette fonction exigeait une belle voix et la connaissance de la musique. Les diacres semblent avoir souvent apporté à leur tâche un zèle et des pensées qui n'allaient pas uniquement à Dieu. Le reproche leur en fut maintes fois adressé, durant les premiers siècles de l'Église. Saint Jérôme nous les montre frisés comme des acteurs, parfumés comme des petits-maîtres, les doigts chargés de bagues étincelantes : *Crines calamistri vestigio rotantur, digiti de annulis radiant, etc...* L'épitaphe de l'un d'eux, le diacre Redemptus, est ainsi conçue : *Dulcia nectareo promebat mella canore :* « Le chant coulait de ses lèvres comme un nectar. » Ne dirait-on pas l'épitaphe d'un ténor?

Au pied de l'ambon de droite, un candélabre élève sa colonne torse qu'un chapiteau gracieux couronne. C'est le cierge pascal, symbole de la colonne de feu qui jadis conduisit, dans le désert, les Israélites en route vers la Terre promise.

Sainte-Marie-*in-Cosmedin* possède encore deux belles œuvres du douzième siècle : la cathèdre de porphyre et de marbre qu'on voit au fond de la tribune, et le somptueux pavement qui recouvre le sol du sanctuaire comme un tapis splendide. A vrai dire, plusieurs parties du siège sont de provenance antique, notamment les accoudoirs et les têtes de lion. Le soin de l'exécution nous fait sentir l'importance qu'on attachait à cette pièce du mobilier religieux. C'était l'attribut caractérisque de l'évêque présidant l'assemblée des fidèles ; c'était l'insigne de sa mission éducatrice, le symbole de son autorité doctrinale. Et de là, sans doute, est venu l'étrange usage, si longtemps pratiqué dans les funérailles épiscopales, de faire asseoir le cadavre, mitre en tête, sur le siège sacré.

Postérieur d'un siècle est le *ciborium*, c'est-à-dire l'édicule de pierre qui abrite l'autel. Le marbrier qui l'a construit est Adéodat, le dernier des Cosmati. L'auteur s'est visiblement inspiré du *ciborium* de Saint-Paul-hors-les-Murs, qui est de la même époque. Même structure, mêmes principes. Les ogives trilobées, les pinacles, les rosaces, nous révèlent que l'art gothique vient de paraître à Rome.

Dans la sacristie, est une mosaïque intéressante, quoique en déplorable état, une *Adoration des mages*, que le pape Jean VII avait fait placer à Saint-Pierre en 706, et qui fut transférée à Sainte-Marie-*in-Cosmedin*, en 1639. Figures moroses, corps émaciés, attitudes raides, on reconnaît ici les défauts trop fréquents de l'école byzantine.

SAINTE-PRAXÈDE

La mosaïque absidale. — Décadence de l'art romain au neuvième siècle. — La Chapelle de Saint-Zénon.

Si l'on veut savoir à quel degré d'impuissance et de maladresse, à quelle misère esthétique les artistes romains du neuvième siècle étaient déchus, c'est ici qu'il faut venir.

La légende rapporte que sainte Praxède, sœur de sainte Pudentienne, recueillit les restes des premiers martyrs chrétiens, au temps de Néron; le puits dont la margelle hexagonale se voit au centre de la nef majeure contiendrait ces précieuses reliques.

Vers 822, le pape Pascal Ier fit construire l'église actuelle et l'orna de mosaïques.

Pour l'abside, les décorateurs ne se mirent pas en frais d'imagination : ils copièrent simplement la mosaïque de l'Église des Saints-Cosme-et-Damien, en substituant l'image de sainte Praxède et de sainte Pudentienne à celle des deux martyrs arabes. L'exactitude de la copie permet de mesurer la décadence accomplie en quatre siècles. Le mosaïste ne sait plus ni peindre ni dessiner, parce qu'il a désappris de voir. Les corps qu'il représente sont désarticulés, informes, contrefaits; les visages sont inexpressifs ou vaguement hébétés. Nulle idée morale, nulle pensée religieuse ne se dégage de l'œuvre. L'abus des couleurs vives ne rend que plus saisissantes la gaucherie du travail et la pauvreté de l'inspiration.

Cependant, à l'arc triomphal, on croit discerner un faible effort d'originalité, le souci de mettre en scène un grand nombre de figures et de les disposer selon les lois de la perspective. L'artiste a pris pour sujet l'éblouissante vision qui termine l'Apocalypse : « Et moi, Jean, je vis la cité sainte, la Jérusalem nouvelle qui, venant de Dieu, descendait du ciel, parée comme l'épouse pour son époux. Elle était toute brillante de la clarté divine, comme si elle eût été construite en jaspe cristallin. Douze anges veillaient aux portes, etc. »

Mais, dans cette composition, que d'inexpérience encore et de grossièreté!

Sur l'un des bas-côtés, la Chapelle de Saint-Zénon, obscure et mystérieuse comme un hypogée, nous montre, à la voûte, une œuvre

7

devant laquelle, non sans surprise, on se laisse attarder. Quatre anges vêtus de blanc supportent, de leurs bras effilés, l'image du Christ qui rayonne au plafond. Ces jeunes corps sveltes ont le geste élégant; on croit découvrir en eux comme un reflet de grâce antique.

A deux pas de ces mosaïques, dans la chapelle latérale du Crucifix, est un superbe tombeau, des dernières années du treizième siècle, le sarcophage du cardinal Anchera. Le mort, en grand costume rituel, repose, les yeux demi-clos, sur un lit de marbre somptueusement drapé. Le personnage est d'une noblesse tranquille et simple qui fait impression. Un art supérieur a disposé les plis des étoffes. Depuis des siècles, on n'avait su manier les draperies avec cette largeur et cette souplesse. Les maîtres de l'école pisane peuvent venir à Rome maintenant : ils trouveront des élèves prêts à les comprendre et à les imiter.

L'AVENTIN

Le Temple de Diane Aventine. — Marcella. — L'Église de Sainte-Sabine et saint Dominique. — Le Prieuré de Malte. — *Santa-Prisca*. — Le *Castello-di-Costantino* et Othon III.

La colline, abrupte et longue, est presque inhabitée, comme si l'antique malédiction des patriciens pesait toujours sur elle. On n'y voit que des terrains vagues, des champs, des vergers, quelques églises, un cimetière, deux couvents. Nul site de Rome n'est plus calme, plus désert, plus retiré de la vie. On a peine à se figurer que tant de colères y aient fermenté jadis, que tant d'orages politiques se soient condensés là.

Dès le règne de Servius Tullius, un temple de Diane couronnait le mont au milieu d'un bois. Le culte de la déesse continua d'y être célébré jusqu'au jour où les Goths d'Alaric incendièrent le quartier.

Un souvenir intéressant pour l'histoire du christianisme se rattache à cette catastrophe.

Près du sanctuaire de Diane s'élevait une riche demeure, appartenant à une belle jeune femme, de naissance illustre, Marcella. Devenue veuve, elle se convertit au Christ.

L'événement fit scandale dans la haute société, qui, malgré les lois de Théodose, était demeurée fidèle au paganisme. Rome était la seule ville, en effet, où les temples ne fussent pas encore fermés, où l'on n'eût pas cessé d'offrir les sacrifices aux dieux. Par orgueil, par intérêt, par esprit de conservation, l'aristocratie romaine avait maintenu avec opiniâtreté les dogmes et les rites d'autrefois. Moralement, la Ville Éternelle était comme isolée de l'Empire; la future métropole du christianisme restait le dernier asile des pratiques païennes.

Aussitôt que baptisée, Marcella renonça aux élégances raffinées dans lesquelles elle s'était jusqu'alors complu. Elle vendit, au profit des pauvres, ses bijoux, ses toilettes, ses équipages, ses meubles précieux, et résolut de n'employer désormais ni fards, ni parfums, ni soie.

Cependant elle ne dit point adieu au monde. Mais elle voulut que le monde vînt à elle, dans son palais réformé, pour s'édifier avec elle. Non sans peine, elle réussit à grouper autour d'elle un petit nombre de ses amies. Assemblées là presque chaque jour, elles lisaient l'Évangile, écoutaient saint Jérôme, récitaient des cantiques, s'occupaient de charité. Elles ne s'imposaient d'ailleurs aucune règle et ne vivaient pas en commun ; mais l'esprit monastique les inspirait déjà. On peut dire qu'elles fondèrent le premier couvent féminin d'Occident.

Cet essai de vie religieuse eut un épilogue lamentable.

Quand, le 24 août 410, Alaric eut surpris les portes de Rome, ses soldats ivres saccagèrent la ville. Arrivés au mont Aventin, ils y mirent le feu. Vainement Marcella essaya-t-elle de les arrêter, en leur représentant qu'ils étaient chrétiens comme elle. Ils la sommèrent de livrer les trésors qu'ils supposaient cachés dans son palais. Elle répondit que depuis longtemps elle avait fait l'aumône de toutes ses richesses. Croyant qu'elle mentait, ils la rouèrent de coups, puis ils la violèrent; ses compagnes subirent même disgrâce. Sanglantes et demi-nues, les pauvres femmes allèrent se réfugier dans la basilique de Saint-Paul-hors-les-Murs, que les Barbares avaient respectée. Marcella mourut le surlendemain.

Quinze ans plus tard, le pape Célestin Ier fit

construire sur les ruines du Temple de Diane une église dédiée à sainte Sabine. Le plan est celui des basiliques. Deux files de belles colonnes corinthiennes partagent l'édifice en trois nefs. Les proportions générales sont excellentes; elles donnent à l'œil cette impression d'équilibre, de justesse, de sécurité, qui est le signe irrécusable des œuvres bien venues.

D'importantes mosaïques décoraient autrefois le monument. Il n'en reste qu'un morceau, fixé sur le mur intérieur, au-dessus de l'entrée. C'est une grande inscription en lettres d'or, sur fond bleu, où sont rappelées les circonstances de la fondation. A chaque extrémité se dresse une femme drapée, tenant un livre à la main. Ce sont les deux Églises, celle des Juifs et celle des Gentils, d'où est issue la communauté des fidèles. Les poses ont de la noblesse; les plis des robes tombent avec dignité; c'est ici une des dernières manifestations du style antique.

Mais il y a mieux. La porte principale nous offre, en effet, un des plus précieux vestiges du premier art chrétien. Elle s'encadre entre des chambranles et un linteau ciselés en marbre de Paros qui, vraisemblablement, servaient déjà d'entrée au sanctuaire de Diane Aventine. Toute en cyprès, elle est formée de vingt-huit panneaux, dont dix-huit sont ornés de bas-reliefs. L'œuvre est du cinquième siècle ; elle semble due à des artistes grecs ; quelques panneaux ont été refaits au neuvième siècle, pendant la Renaissance carlovingienne.

Le sujet choisi par le sculpteur est un parallèle entre l'Ancien et le Nouveau Testament. Dans cette double série de tableaux, quelques-uns sont remarquables au point de vue scénique et pittoresque. *Moïse recevant de Jéhovah l'ordre de délier sa chaussure, Pharaon englouti dans la mer Rouge avec son quadrige de guerre, Élie enlevé au Ciel, saint Pierre reniant Jésus,* sont d'une saisissante vérité dramatique. Certes l'œuvre ne soutiendrait point la comparaison avec les panneaux du Baptistère de Florence ; mais c'est beaucoup déjà qu'elle oblige d'y penser.

Au treizième siècle, un vaste palais attenait à la basilique. Le pape Honorius III, dont c'était la demeure préférée, y installa en 1219 l'ordre naissant des Frères-Prêcheurs.

Une tradition désigne aujourd'hui encore, dans le jardin, l'oranger à l'ombre duquel saint Dominique venait se reposer, si tant est que cette âme ardente ait jamais connu le repos (1).

Ce lieu a donc été le berceau d'une très grande chose. C'est d'ici, en effet, que l'Église a tiré sa plus forte milice, ses plus redoutables instruments de combat et de domination. Inquisiteurs patentés de l'hérésie, gardiens officiels de l'orthodoxie, les Frères-Prêcheurs ont joué, jusqu'à la fin du quinzième siècle, un rôle prééminent dans la direction spirituelle du catholicisme. Pour le leur enlever, il a fallu qu'un autre ordre se créât, plus ingénieux, plus souple, plus ouvert à l'esprit moderne, — la Compagnie de Jésus.

Il reste aux Dominicains un témoignage éloquent de leur suprématie passée, — le privilège de pourvoir à trois des charges les plus importantes de la cour pontificale : la maîtrise du Sacré-Palais, la Secrétairerie de l'Index, le Commissariat du Saint-Office.

(1) Il n'est pas invraisemblable que saint Dominique ait vu fleurir cet oranger. La tradition est, en tout cas, fort ancienne. François de Sales y fait allusion dans sa première lettre à Mme de Chantal (3 mai 1604) : « J'ai vu à Rome un arbre planté par saint Dominique, qu'un chacun va voir et que l'on aime à cause de lui. Dès que je vis le désir de la sainteté planté par la main de Notre-Seigneur au milieu de votre cœur, je ne pus m'empêcher de l'aimer. Dieu vous fasse croître, ô bel arbre !... »

Ne quittons pas Sainte-Sabine, sans rappeler que Lacordaire y vint accomplir son noviciat, lorsqu'il entreprit de restaurer en France l'institut de Saint-Dominique.

A quelques pas de Sainte-Sabine et tout proche l'insignifiante Basilique de Saint-Alexis, un mur enclôt une église au milieu d'une villa. C'est le Prieuré de Malte, un des rares vestiges que le fameux ordre de Saint-Jean de Jérusalem a laissés en ce monde et qui nous révèlent qu'il existe encore.

A vrai dire, l'institut n'est plus qu'un fantôme. Quand les soldats de Bonaparte l'eurent expulsé de Malte, il erra quelque temps de Catane à Ferrare, avant de comprendre que Rome est le seul refuge honorable des souverainetés déchues. Privé de tous ses biens, il s'est renfermé peu à peu dans le domaine hospitalier qui fut d'ailleurs son premier champ d'action.

Il a réuni sur l'Aventin ses archives, ses reliques, ses principales sépultures.

Les tableaux exposés dans la villa remémorent le temps glorieux où la bannière pourpre à croix blanche donnait une si rude chasse aux galères musulmanes. Ce ne sont que poursuites hardies, abordages intrépides, captures héroïques, toute une épopée navale.

Comment oublier la part insigne que la France a prise à tant d'exploits? Les plus illustres des Grands-Maîtres portèrent des noms français : Villiers de l'Isle-Adam, La Valette, Amboise, Vendôme, Rohan. Et c'est aussi la flotte de Malte qui a fourni à la marine française deux de ses plus grands chefs : Tourville et Suffren.

Sur le bord septentrional de la montagne aventine, l'Église de *Santa-Prisca,* toute modernisée, consacre un souvenir touchant des origines chrétiennes.

C'est là que demeuraient les époux Aquila et Prisca chez qui saint Paul reçut l'hospitalité pendant la persécution de Néron. Ils furent au nombre des premiers convertis. L'Apôtre les tenait en prédilection. Leurs noms reviennent maintes fois dans ses lettres : « Saluez Aquila et Prisca, mes coopérateurs en Jésus-Christ » : *adjutores meos in Christo*. Il ajoute chaque fois : « Saluez aussi l'église établie dans leur maison. » Cette *ecclesia domestica* n'était sans doute qu'un très humble oratoire. Le lieu ne mérite pas moins qu'on le vénère : c'est la première chapelle d'où une prière collective soit montée vers le Christ.

Une bâtisse rapiécée, le *Castello-di-Costantino,* s'élève dans le voisinage. La vue y est merveilleuse. On a devant soi la vallée humide où l'Arcadien Évandre menait jadis ses troupeaux, le Palatin et ses ruines fières, les Thermes de Caracalla, le mausolée de Cestius, la Voie Appienne, les aqueducs, l'échappée immense de la Campagne latine et, tout au fond, la cime fuyante des monts Albains, noyés de lumière.

Durant près de six années, un jeune empereur allemand a nourri, devant ce spectacle, des rêves d'une grandeur insensée, — l'empereur Othon III, dernier descendant mâle de la maison de Saxe.

Obsédé par les souvenirs antiques, enivré de mysticisme, il ne songeait à rien moins qu'à restaurer la majestueuse unité de la puissance romaine, à refaire de l'Orient et de l'Occident un seul empire dont la Germanie n'aurait plus été qu'une province. L'approche de l'an mil, qui décourageait alors toutes les ambitions, semblait au contraire exalter les siennes. Il s'était fait construire sur l'Aventin un château fortifié où l'on aurait pu se croire à la cour de Byzance, tant la pompe y était magnifique et l'étiquette stricte. Les Romains, qu'il s'épuisait à flatter, l'exécraient à cause de son origine étrangère. Pourtant, lorsqu'il mourut de fièvre à vingt-deux ans, la consternation fut générale, comme si un monde d'espoirs s'évanouissait avec lui. A ses funérailles, on psalmodia cette complainte :

Plangat mundus, plangat Roma!
Lugeat ecclesia!
Sit nullum Romæ canticum!
Ululet palatium!
Sub Cæsaris absentia,
Sunt turbata sæcula.

SAINT-SABAS, SAINTE-BALBINE, SAINTS-NÉRÉE-ET-ACHILLÉE, SAINT-CÉSAIRE

Les moines byzantins à Rome, au septième siècle. — Les incursions lombardes. — Misère et prestige de Rome au moyen âge.

Perdues à l'extrémité de l'Aventin, parmi des champs et des terrains vagues, les quatre églises de Saint-Sabas, de Sainte-Balbine, des Saints-Nérée-et-Achillée et de Saint-Césaire doivent à leur abandon un charme intense de mélancolie. On croit y respirer toute la misère et la désolation qui ont affligé Rome pendant le moyen âge.

Le Couvent de Saint-Sabas, fondé vers 630 par des moines basiliens, se détache sur un monticule.

Au septième siècle, les communautés helléniques étaient déjà nombreuses à Rome; elles y devinrent innombrables quand la persécution des iconoclastes dévasta l'Orient monastique. Il n'y eut plus alors un quartier de la ville qui ne possédât une église ou une abbaye grecque, comme Saint-Théodore, Saint-Hermès, Saint Venance, Sainte-Marie-*in-Cosmedin*, Saint-Georges, Saint-Césaire, Saint-Erasme, Saint-Chrysogone, etc. Fidèles à leur langue et à leurs coutumes nationales, les religieux byzantins formaient un corps isolé dans l'Église. Leur influence était grande. Peu à peu, la population romaine s'habituait à leurs rites, à leurs chants, à leurs fêtes, à leurs légendes, à leurs saints. Ils occupaient de hautes charges pontificales. Douze fois, ils montèrent sur le trône apostolique (1).

L'Église de Saint-Sabas est séparée en trois nefs; elle en comptait cinq jadis, comme on le voit par quelques anomalies des bas-côtés. Une mosaïque d'un hiératisme tout byzantin brille en haut de l'abside; un riche pavement de porphyre et de marbre, œuvre du treizième siècle, revêt le sol du chœur. Pas d'autre ornement. Dans une cour voisine, quelques bâtisses délabrées rappellent seules l'ancien monastère. Un jardin les entoure de silence.

(1) C'est à l'un de ces papes orientaux, Grégoire III (731-741), et non à saint Grégoire le Grand (590-604), qu'on doit le recueil des cantilènes liturgiques, l'Antiphonaire grégorien.

Sainte-Balbine possède une chaire épiscopale de grand style, une belle tombe exécutée vers 1300 par Jean Cosmati dans la manière de l'école pisane, enfin un pathétique *Crucifiement*, sculpté par Mino da Fiesole.

Un peu plus bas, l'étroite Basilique des Saints Nérée-et-Achillée borde la Voie Appienne, tout près de Saint-Césaire. Au sixième siècle, deux églises existaient déjà sur l'emplacement de celle-ci. Saint Grégoire le Grand, qui les tenait en vénération particulière, y a prêché souvent. Et l'une des cathèdres du haut desquelles il parlait subsiste encore.

Cette région de l'Aventin n'a guère changé d'aspect depuis le règne de l'illustre pape : elle n'était ni plus déserte ni moins ruinée. Une fameuse homélie de Grégoire, prononcée dans la tribune même des Saints-Nérée-et-Achillée, nous dépeint en couleurs saisissantes la détresse de la métropole chrétienne à l'époque des incursions lombardes. Le spectacle que les environs de Saint-Sabas nous offrent aujourd'hui semble un fragment de ce morne tableau, qui fut l'état de Rome entière pendant la majeure partie du moyen âge.

On a peine à se figurer la déchéance de la

Ville Éternelle, à cette phase de son histoire. Partout, les monuments s'écroulent, le sol est jonché de débris, les rues se creusent en fondrières ou s'obstruent de gravats, le Capitole se couvre de broussailles, le Champ de Mars est un cloaque, les berges du Tibre s'effondrent. Toute notion d'art se perd. Les Romains ne construisent plus que pour se fortifier.

C'est alors qu'on voit surgir cette forêt de tours féodales dont la *Torre-delle-Milizie* est un des spécimens les plus intacts. Les principaux édifices de l'antiquité se transforment en redoutes et en donjons, où chaque famille noble s'arme contre la faction adverse. Les Caëtani occupent les pentes du Quirinal et l'île du Tibre; leurs avant-postes sont au sépulcre de Cæcilia Metella. Les Frangipani se retranchent à l'Arc de Titus, au *Septizonium* et au Colisée, les Savelli au Théâtre de Marcellus et sur l'Aventin, les Colonna au Mausolée d'Auguste, les Orsini au Tombeau d'Adrien et au Théâtre de Pompée, etc. Abrités dans ces forteresses, les barons deviennent bientôt les seuls maîtres de Rome. La papauté affaiblie, épeurée, est une proie qu'ils s'arrachent alternativement. Chaque élection pontificale est signe d'émeute, de massacre, d'incendie. Parfois même, le désordre est tel que plusieurs papes sont élus simultanément. Ainsi, en 1045, il y en a jusqu'à trois : Benoît IX siège au Latran, Grégoire VI à Saint-Pierre, Silvestre III à Sainte-Marie-Majeure. Quant au domaine temporel, il se réduit à l'ancien Duché de Rome. Et les barons y pratiquent impunément leurs exactions sur les paysans, leurs rapines sur les pèlerins. La cité apostolique est tombée au dernier degré de la misère matérielle et morale.

Pourtant, par un étrange paradoxe, Rome n'apparut jamais plus grande à l'imagination des peuples. Un extraordinaire prestige l'entourait au loin. Des légendes se formaient sur elle, des récits merveilleux se propageaient.

D'abord, on la croyait très riche. Les médailles antiques, les joyaux et les vases précieux qui se négociaient çà et là en Europe entretenaient cette illusion. L'ancienne capitale de l'univers continuait d'être pour tous l'*aurea Roma* d'Ovide. On tenait aussi pour certain que ses ruines cachaient d'immenses trésors. Et l'on avait calculé que le Capitole seul valait, argent comptant, « le tiers du monde ».

Au point de vue religieux, elle jouissait d'une suprématie absolue. Toutes les consciences s'inclinaient devant elle. Déshonorée par tant

8

de papes, elle n'en était pas moins la ville sainte par excellence, la tête et le cœur de la chrétienté. On méprisait les occupants indignes du siège théocratique ; mais le siège même gardait aux yeux de tous son caractère sacré.

Au point de vue politique, l'effet de mirage tient du sortilège. Rome n'est plus qu'un fantôme, un cadavre. Cependant, elle inspire à tous un respect superstitieux, une sorte de terreur magique. Par la vertu de sa grandeur passée, elle symbolise la force, l'unité, le droit. Il n'est ici-bas puissance légitime qui n'émane d'elle. Aucun monarque n'ose porter le titre impérial avant de l'avoir reçu d'elle. Que sa fascination opère à distance, on le comprendrait encore. Mais elle s'exerce jusque sur les témoins immédiats de sa ruine. L'idée que les gloires antiques puissent renaître est le songe opiniâtre des cerveaux romains. Et trois hommes, Crescentius, Arnauld de Brescia, Cola di Rienzo, ont payé de leur vie ce rêve insensé. Quant aux poètes, leur enthousiasme emprunte le langage de l'adoration mystique, le vocabulaire des litanies. *Orbis honor, urbs super omnes, caput mundi, immortale decus, rerum suprema potestas, vivida virtus,* etc., sont leurs appellations habituelles. Dante mêle à ses invectives contre Boniface VIII un culte passionné pour les saintes murailles où la Providence a placé le centre de l'histoire et de l'humanité. Pétrarque écrit dans sa *Canzone* à Stefano Colonna :

> L'antiche mura ch'ancor teme ed ama,
> E trema il mondo quando si ricorda
> Del tempo andato e'n dietro si risolve.

Enfin Boccace adresse à la ville immortelle cette invocation charmante :

> O fior d'ogni città, donna del mondo,
> O degna, imperiosa monarchia!

SAINT-JEAN-DE-LATRAN

I. — LA BASILIQUE

Omnium ecclesiarum mater et caput. — Le Latran au moyen âge. — Boniface VIII. — Le jubilé de l'an 1300. — Dante et Giotto.

En l'année 326, l'empereur Constantin fit un bref séjour à Rome, d'où la guerre contre Licinius et les charmes de l'Orient l'avaient tenu depuis longtemps écarté.

Il y rentrait chargé de crimes, couvert de sang; il avait fait périr sa femme, son beau-père, son fils, ses principaux conseillers. Les sombres jours de Néron semblaient revenus. Mais son ivresse meurtrière s'étant dissipée, les remords maintenant le harcelaient. Entre toutes les religions qui se partagaient alors l'Empire, il en cherchait une qui consentît à l'absoudre et le purifier. Des flamines auxquels il s'adressa le rejetèrent. Le christianisme l'accueillit.

Dans sa ferveur d'expiation, il emplit Rome

de sanctuaires, dont le principal, le plus illustre, le plus vénérable est Saint-Jean-de-Latran.

Omnium ecclesiarum Urbis et orbis mater et caput, première de toutes les églises de Rome et de l'univers, titre épiscopal du Souverain-Pontife, siège d'innombrables conciles, Saint-Jean-de-Latran a été, jusqu'à la fin du moyen âge, le centre du monde chrétien.

Autour de la basilique se groupaient le Baptistère, le Palais des papes, un couvent, un cloître, un hôpital, un cimetière, tous les organes d'un grand institut religieux.

L'église, construite sur le plan classique, subsista durant près de mille années, sans autre changement que les restaurations et les enrichissements. Mais, au quatorzième siècle, l'incendie la dévora deux fois.

C'était le temps où les calamités fondaient sur Rome, où les successeurs de saint Pierre vivaient dans la honte d'Avignon, où la Ville Éternelle, d'après Rienzi, « ressemblait plutôt à une caverne de brigands qu'à une résidence d'hommes civilisés ». Pétrarque put voir alors la basilique en ruine, et son cri de douleur est venu jusqu'à nous : « Le Latran gît à terre! La mère des églises, dépouillée de sa toiture, est ouverte aux vents et à la pluie! »

Quand le Saint-Siège fut ramené aux bords du Tibre, la reconstruction du Latran fut le premier soin des papes. Mais, au lieu de relever simplement l'édifice primitif, on s'appliqua surtout à l'embellir et à l'améliorer, si bien que deux cents ans plus tard on y travaillait encore.

Quoi de surprenant si, après tant de vicissitudes, la basilique ne conserve plus la moindre unité?

Avant même d'entrer, on ne s'en aperçoit que trop.

La façade a été construite en 1735, sous le pontificat de Clément XII, par Alexandre Galilei. Le motif consiste en un portique de cinq travées à deux étages avec colonnes et pilastres composites. Un fronton occupe le centre de la haute balustrade, surmontée de statues, qui couronne le frontispice.

Considérée en soi, cette œuvre célèbre n'est pas sans beauté. Mais ce qu'on ne saurait trop lui reprocher, c'est qu'elle ne fait pas corps avec le reste de l'édifice. Elle ne s'y rattache par aucun lien rationnel et organique; elle y est arbitrairement accolée. Ce n'est pas une façade, c'est une devanture, un placage. Que de fois les architectes italiens du dix-huitième siècle, ces virtuoses néfastes, ont commis pareille erreur!

On franchit l'étroit vestibule; on pénètre dans la basilique. L'impression première est grande, majestueuse plutôt; car l'idée de grandeur suppose plus de simplicité. Les cinq nefs se développent magnifiquement. Et sur la nef majeure s'étend un merveilleux *soffito* à larges caissons d'azur, de pourpre et d'or.

Mais dès qu'on examine le détail, les critiques abondent.

Aux belles colonnes de l'ancienne église, Borromini a substitué, vers 1650, d'énormes piliers ornés de pilastres et contenant chacun, dans une niche à fronton baroque, les statues les plus contournées, les plus prétentieuses que l'école de Bernin ait produites. Il y a pire encore. Ce sont les bas-reliefs et les médaillons superposés aux niches. Tout le maniérisme et le mauvais goût de l'époque apparaissent ici.

Mêmes défauts dans la décoration de la fameuse chapelle Corsini, qu'Alexandre Galilei a érigée sur bas-côté de gauche, pour y placer le tombeau de Clément XII. Par ses qualités architectoniques, l'édifice méritait pourtant mieux. Il repose, en effet, sur le plus simple des plans, sur le plan même que Bramante rêvait pour Saint-Pierre : la croix grecque. Quant à la construction, elle se résume en un bel ordre de pilastres corinthiens soutenant quatre grands arcs d'où surgit une coupole. Agencement des lignes, rapports des masses, distribution de la lumière, tout ce qui n'est pas le décor enfin est d'un art savant et raffiné.

Par une fortune inappréciable, les deux incendies qui ont dévasté l'église au quatorzième siècle ont épargné la mosaïque dont la tribune primitive était revêtue. L'action du temps a néanmoins nécessité quelques restaurations qui, entreprises en 1880, n'ont aucunement altéré le style de l'œuvre. Il ne manque aux parties refaites que la patine des années.

Au sommet de la voûte, la figure colossale du Sauveur apparaît d'entre les nuages. Ses traits sont fins, ses cheveux, noirs et abondants, tombent avec souplesse le long du cou. Dans ses yeux grands ouverts, flotte un regard inoubliable de douceur et de résignation, le regard du matin de Tibériade et du soir d'Emmaüs.

Au centre de l'abside, une croix gigantesque constellée de gemmes surmonte une colline où s'abrite la Ville Sainte, la Jérusalem nouvelle, « tabernacle de Dieu ». Les quatres fleuves du Paradis s'écoulent de là, au travers d'un paysage en fleur, animé d'enfants, de quadrupèdes et d'oiseaux. La Vierge se tient au pied de la croix, avec saint Pierre, saint Paul, saint Jean-Baptiste, saint André, saint Jean l'Évangéliste, saint Antoine de Padoue, saint François d'Assise et le pape Nicolas IV, restaurateur de la basilique (1).

Plus bas, entre les fenêtres ogivales de l'hémicycle, sont représentés ceux des Apôtres qui n'ont pu trouver place dans la zone supérieure. Parmi eux, on discerne deux petits Franciscains agenouillés qui tiennent à la main des outils d'émailleur et de marbrier. Une inscription nous apprend leurs noms et qualités. L'un est le mosaïste Fra Jacopo Torriti; l'autre est son aide, le praticien Fra Jacopo Camerino; ils travaillaient à Rome vers 1290.

On attribue communément à Torriti la merveilleuse peinture qu'il a, pour ainsi dire, signée de son portrait. Mais, de même qu'à Sainte-Marie-Majeure, la part qui lui revient ici semble devoir être beaucoup réduite. Il a réparé, complété l'œuvre primordiale; il ne l'a pas remplacée. Un examen attentif permet de recon-

(1) Nicolas IV (1288-1292) professait une dévotion exaltée pour saint François, dont il avait d'ailleurs suivi la règle avant d'être pape. Lorsqu'il fut élu, c'est à grand'peine qu'il consentit à échanger sa robe de bure contre le manteau pontifical.

naître l'inspiration et la facture du quatrième siècle dans le majestueux visage du Christ, dans les nobles figures de la Vierge et des trois apôtres, enfin dans le pittoresque et vivant décor qui se développe au bas de la voûte. Le reste, qui est d'un sentiment plus naïf, d'une exécution moins libre, peut être maintenu à Torriti; et sa part est belle encore.

Saint-Jean-de-Latran possédait jadis, sous la *loggia* de la façade latérale, une œuvre d'une haute importance pour l'histoire et l'art, mais qui a disparu presque tout entière, lors des remaniements opérés par Sixte-Quint sur ce point de la basilique. C'est une fresque où Giotto avait représenté Boniface VIII inaugurant le mémorable jubilé de l'an 1300. De cette vaste composition, un fragment seul a été sauvé; on le voit appliqué à l'un des piliers de la nef droite.

Le Souverain-Pontife s'y montre, la tiare au front, suivi de deux clercs, dont l'un porte la bulle d'indulgence. Malgré des retouches grossières, la figure est encore puissamment évocatrice. On y reconnaît le pape fourbe, violent et altier qui porta si haut les prétentions du Sacerdoce et sous qui, par l'ironie du sort, tout l'édifice théocratique du moyen âge s'est effondré.

Quand Giotto peignit son portrait, il était au plus haut point du prestige et de l'orgueil. Il vivait dans un luxe impérial. Deux rois, couronne en tête, l'avaient servi au festin de son élection. Jamais le Palais du Latran n'avait brillé d'un tel éclat. Outre les cardinaux, les évêques, les prélats, les camériers, les chapelains et la foule des clercs, c'était un personnel innombrable de valets, de pages, de cuisiniers, d'échansons, d'écuyers, de palefreniers, tout le train d'une grande cour monarchique. Dante, lors de son ambassade à Rome, fut témoin de ce faste et il en garda toute sa vie un souvenir éblouissant, qu'il a résumé dans ce vers :

..... Laterano
Alle cose mortali anda di sopra.

« Il n'est chose mortelle que le Latran ne surpasse (1)! »

Le cadre n'était qu'à la juste mesure de l'occupant.

Plus hardi encore que Grégoire VII et qu'Innocent III, Boniface VIII avait déclaré que le pape est au-dessus de toutes les souverainetés humaines, « parce qu'il enferme tous les droits

(1) *Paradis*, XXXI.

dans sa poitrine : » *Omnia jura fert in scrinio pectoris sui.* Délaissant le titre de « Vicaire de saint Pierre » dont ses prédécesseurs s'étaient glorifiés, il s'arrogeait celui de « Vicaire du Christ », que les papes ont porté dans la suite. Enfin, pour rendre visible l'accroissement de son pouvoir, il ajoutait une deuxième couronne à la tiare (1).

On peut dire sans exagération que sa perte fut décidée dans la cérémonie même où Giotto l'a montré officiant. Les pompes du Jubilé achevèrent, en effet, de l'enorgueillir et de l'infatuer. Depuis les jours antiques, Rome n'avait rien vu de pareil. Les pèlerins se comptaient par centaines de mille. Ne trouvant plus à se loger dans les maisons, ils campaient sur les places et dans les ruines. Quand, de la *loggia* du Latran,

(1) La tiare est de provenance asiatique. C'était l'emblème habituel des rois d'Orient, comme nous l'apprend ce vers d'Ovide :

Tempora purpureis tentat velare tiaris.

La tiare pontificale n'était d'abord qu'une simple mitre de laine blanche. Elle a été importée à Rome par un des papes orientaux qui ont occupé le siège apostolique, au commencement du huitième siècle, — par le pape syrien Constantin Ier (708-715). Au neuvième siècle, la mitre fut ornée d'un cercle gemmé, comme on peut le voir sur les fresques de Saint-Clément. La tiare à trois couronnes, le *triregnum*, date de Benoît XII (1334-1342).

Boniface vit leur multitude s'incliner sous sa main bénissante, quand leurs acclamations s'élevèrent jusqu'à lui, un vertige le prit : il se crut le maître du monde.

Affaibli par l'âge, il ne se ressaisit plus. Les événements se précipitèrent. La fresque de Giotto était à peine terminée que le drame d'Anagni s'accomplissait.

II. — LE MONASTÈRE

Les chanoines du Latran. — Le cloître.

Au sud de la basilique se trouvait le monastère.

Les premiers habitants furent des religieux du Mont Cassin, que les Lombards venaient d'expulser (589). Le fait était commun à cette lugubre époque. Continuellement, des moines arrivaient à Rome, obligés de fuir leurs couvents. Saint Grégoire le Grand s'est signalé par son zèle à les recueillir tous, à ne jamais les laisser implorer en vain l'hospitalité apostolique. Les Bénédictins demeurèrent au Latran jusqu'en 774, date à laquelle des chanoines réguliers prirent leur place (1).

(1) Durant trois siècles, la France a pourvu à l'entre-

Le cloître subsiste seul. Il date, comme celui de Saint-Paul-hors-les-Murs, de l'année 1210 environ. Le marbrier Vassaletus en est l'auteur.

Au point de vue architectural, l'œuvre est un peu lourde. Mais la décoration est charmante. Vassaletus en a d'ailleurs emprunté les motifs à l'école de Sicile, aux maîtres de Palerme et de Monreale. Les fûts de colonnes, les chapiteaux, les frises, les corniches, les archivoltes ont servi de prétexte à un merveilleux travail de ciselure et de mosaïque. On ne se lasse pas de regarder cette floraison de pierre incrustée, cette fantaisie luxuriante et délicate.

III. — LE BAPTISTÈRE

Le baptême de Constantin. — L'Oratoire de Saint-Jean-l'Évangéliste. — Les rites primitifs du sacrement baptismal.

La légende rapporte que l'empereur Constantin fut baptisé ici, en 326, par le pape Sylvestre.

tien de huit chanoines au Latran. La dotation a été instituée, en 1482, par Louis XI qui, d'autre part, se réservait la désignation des bénéficiaires. En reconnaissance, le chapitre et le clergé de l'archibasilique célébraient, chaque année, une messe solennelle pour la fête du souverain. Et les rois de France comptaient parmi leurs titres celui de « Premier chanoine du Latran ».

Or, Constantin n'était que simple catéchumène quand il quitta Rome, en 327, pour n'y plus rentrer. Il ne reçut le baptême que dix ans plus tard, à Nicomédie, lorsqu'il se sentit mourir. Enfin, le Baptistère du Latran n'a été achevé que vers 435, par le pape Sixte III. A cela près, la légende est véridique.

La façade de l'édifice était tournée primitivement vers l'abside de la basilique. C'est le vestibule actuel de Saint-Venance, où s'élèvent deux superbes colonnes du temps des Antonins.

Le plan intérieur est un octogone, au milieu duquel huit colonnes de porphyre entourent les fonts baptismaux. Sur l'architrave, huit autres colonnes, plus légères, se dressent pour supporter une coupole.

Deux oratoires, construits sous le pontificat de saint Hilaire (465), attiennent à l'édifice. L'un est dédié à saint Jean-Baptiste, l'autre à saint Jean l'Évangéliste. On accède au premier par une porte de bronze antique à larges vantaux, où le pape saint Hilaire a fait incruster des croix d'argent. Le second renferme une admirable mosaïque du cinquième siècle, qui a pour sujet la glorification de l'Agneau divin. Encerclé dans une guirlande fleurie, l'animal nimbé se détache sur un fond d'or, au sommet de la voûte. Des feuillages, des pampres, des couples d'oiseaux, des vases de fruits occupent les surfaces déclives. Un curieux mélange de symbolisme et de naturalisme règne dans cette peinture. Autour de l'Agneau, chaque élément du décor a le caractère mystique : on y voit le lys de la pureté, le laurier des couronnes triomphales, la grappe qui produit le vin de la Cène et l'épi de froment qui fait l'hostie. Le reste de la composition n'est là, au contraire, que pour l'effet pittoresque, pour le plaisir des yeux. Les oiseaux surtout, canards, tourterelles et perdrix, sont d'un réalisme fin et charmant. L'œuvre totale est excellente. Un siècle plus tôt, on n'eût pas mieux fait.

La disposition générale du Baptistère nous fait très bien comprendre ce qu'était à l'origine le baptême chrétien.

Le pape officiait en personne et dans le plus grand apparat. D'ordinaire, la vigile de Pâques était le jour choisi. Les néophytes, presque tous adultes, car le baptême des enfants n'était guère encore usité, commençaient par se dévêtir entièrement. Les deux chapelles latérales servaient à séparer les sexes pour cette opération. Puis, un à un, les élus descendaient à la piscine, qu'une belle urne de basalte a remplacée depuis. Et là, le pape, les ayant questionnés trois fois, les immergeait trois fois, en prononçant les paroles sacramentelles : *Ego baptizo te, in nomine Patris et Filii et Spiritus sancti.*

La nudité absolue était requise, même pour les femmes. Aussi le rite du baptême est-il celui que les païens reprochèrent le plus au christianisme naissant et qui provoqua de leur part le plus d'accusations et de plaisanteries. Une image conservée dans un vieux manuscrit nous représente saint Paul baptisant une vierge patricienne. Sur le jeune corps sans voiles, l'Apôtre verse l'eau sainte. Cependant, au dehors, les païens scandalisés se pressent contre la porte et regardent, par les fentes du bois, le mystère dont la signification spirituelle leur échappe. L'Église, d'ailleurs, ne soutint pas longtemps le paradoxe de pudeur qu'elle avait si ingénûment créé. Avertie par trop d'abus, elle comprit qu'elle soumettait la chasteté de ses prêtres à une épreuve excessive, et elle transforma ses rites.

9

IV. — LA *SCALA SANTA* ET LE *TRICLINIUM*

L'escalier du prétoire de Pilate. — Le sacre de Charlemagne. — Rome et l'Empire.

Sur l'un des côtés de la Place Saint-Jean, un édifice abrite la *Scala santa*, escalier de marbre, qui, d'après la tradition, aurait été gravi par Jésus lorsqu'il comparut au prétoire de Pilate. Des indulgences spéciales sont attribuées aux fidèles qui, aujourd'hui, le parcourent à genoux.

Au sommet, derrière une grille dorée, on aperçoit la chapelle du *Sancta Sanctorum*, dernier vestige de l'ancien Patriarcat du Latran. Un insigne trésor de reliques y est déposé, depuis le douzième siècle; la frise intérieure porte cette inscription éloquente : *Non est in toto sanctior orbe locus*.

Tout près de ce bâtiment, une grande niche couronnée d'un fronton s'ouvre sur l'esplanade. Clément XII l'a fait construire en 1730 pour recevoir une importante mosaïque du neuvième siècle, qui ornait la grande salle d'audience ou *triclinium* du premier palais pontifical. Les panneaux s'étant brisés pendant le transfert, on recopia les sujets représentés, dont le principal rappelait le grand acte accompli dans la Basilique de Saint-Pierre, le 25 décembre 800, le sacre de Charlemagne.

Pour ce souvenir seul, la mosaïque, même défigurée, méritait de survivre. L'événement qu'elle illustre domine en effet l'histoire du moyen âge. Durant des siècles, on a considéré comme un dogme que la puissance impériale ne pouvait être séparée de Rome, qu'elles étaient nécessaires l'une à l'autre, et que de leur union dépendaient l'ordre et la marche du monde. Aux yeux de Dante, Rome sans César est une veuve en détresse. Et, lorsque l'Empereur tarde à venir, le poète lance vers lui cet appel :

> Vieni a veder la tua Roma che piagne,
> Vedova sola, e dì e notte chiama :
> Cesare, mio, perchè non m'accompagne !

« Viens la voir, ta Rome qui se lamente, veuve solitaire, et qui, nuit et jour, te crie : *Mon César, mon César ! pourquoi m'as-tu abandonnée !* »

SAINT-PAUL-HORS-LES-MURS

La tombe de saint Paul. — La basilique. — Le cloître.

Vers le milieu du troisième siècle, l'Église romaine, effrayée par la violence des persécutions, crut devoir mettre en sûreté ce qu'elle avait de plus précieux : les corps de saint Pierre et de saint Paul, inhumés l'un au Vatican, l'autre sur la Voie d'Ostie. On les transféra secrètement aux Catacombes de la Voie Appienne; ils y demeurèrent cachés jusqu'aux jours glorieux de Constantin. Vers 325, les cercueils apostoliques furent ramenés à leurs tombes primitives, et, sur chaque sépulture, un sanctuaire monumental s'éleva bientôt.

La Basilique de Saint-Paul, la plus grandiose qu'on eût encore bâtie, ne fut ans doute achevée qu'à la fin du quatrième siècle. A travers les âges, on ne cessa de l'embellir et de la sanctifier, d'y accumuler les œuvres d'art et les reliques. En 1823, un incendie causé par la maladresse d'un ouvrier l'a détruite entièrement. Seuls, l'arc triomphal, quelques sarcophages et le maître-autel ont échappé au désastre.

A peine les ruines refroidies, le monument fut relevé, dans les mêmes formes et proportions. Sauf le décor, il nous apparaît donc tel que jadis.

On ne saurait trop vanter la simple grandeur du plan. Ces cinq nefs immenses et leurs quatre-vingts colonnes corinthiennes produisent un effet saisissant d'espace, de calme et de majesté.

Mais, sur cette impression, il faudrait s'en aller. De tous les ornements prodigués à la nouvelle basilique, l'autel pontifical, œuvre exquise d'Arnolfo di Cambio (1285), mérite seul qu'on s'attarde. Le reste, dans son luxe éclatant, est si pauvre ! Ces mosaïques refaites sont si froides, si fades, si dépourvues de style et de noblesse !

Un couvent de chanoines réguliers était jadis annexé au sanctuaire, pour en assurer la desservance liturgique. Chacune des basiliques romaines entretenait ainsi auprès d'elle, en dehors de ses prêtres séculiers, une sorte de communauté monacale, ayant pour tâche propre l'accomplissement intégral de l'office divin, le chant diurne et nocturne des psaumes. Institués vers la fin du septième siècle, ces moines basilicaux ont élaboré peu à peu l'admirable collection de mélodies et de cantilènes que l'Église latine répète encore à travers les siècles.

Le cloître de Saint-Paul est demeuré intact.

Plus vaste que celui du Latran, il a été conçu d'après les mêmes principes et bâti à la même époque (1210). L'influence de l'architecture sicilienne s'y manifeste d'une façon plus nette encore. Ces portiques élégants, ces frises à riches entrelacs, ces minces colonnes, toutes différentes, les unes cannelées, les autres lisses, les unes droites, les autres torses, les unes incrustées, les autres nues, ces chapiteaux finement ciselés, cet emploi pittoresque de la mosaïque à fond d'or, toute cette décoration capricieuse, délicate et profuse, viennent directement de Palerme et Monreale.

LE CÆLIUS

Le Temple de Claude. — La Villa Mattei. — Le Couvent des Trinitaires. — *San-Stefano-Rotondo*. — Saint-Grégoire-le-Grand.

Le sac de 1084 a été funeste à la région du Cælius. Détruite de fond en comble par les Normands, elle ne s'est jamais relevée complètement de sa ruine. Les églises restaurées dès le douzième siècle n'ont pas vu revenir les habitants. Aujourd'hui encore, la majeure partie du mont n'est qu'un désert.

Les arbres d'un jardin conventuel recouvrent l'angle saillant qui aboutit au Colisée. Le sol réserve de précieuses découvertes aux fouilles de l'avenir. C'est là, en effet, que s'élevait le temple dédié par Agrippine à la mémoire de Claude. La veuve n'avait rien épargné pour que son hommage funèbre eût tout l'éclat possible. Elle connaissait les rumeurs sinistres qu'on faisait courir sur elle et qui la représentaient versant de sa main, par deux fois, le poison à l'Empereur. Personne au Palatin ne doutait qu'elle eût ordonné le crime, si elle ne l'avait accompli elle-même. Il importait que l'accusation ne pût trouver créance dans le peuple. Le temple fut donc édifié avec un luxe inouï jusqu'alors. D'immenses portiques l'entouraient. La douleur d'Artémise ne s'était pas exprimée par des témoignages plus éloquents.

A l'autre extrémité de la colline, s'étend une villa, unique à Rome par l'atmosphère intime qu'on y respire et par la poésie de son délaissement : la Villa Mattei. De grandes allées, bordées de buis et de lauriers, ombragées de pins, de cyprès et de chênes, sillonnent le plateau et serpentent sur les revers. Outre les fleurs, chaque pelouse a pour décor des marbres antiques, bustes, hermès ou statues. Un édicule de pierre, enfoui sous les verdures grimpantes, se dresse au bord d'une terrasse ; un banc y est disposé. Là, comme nous l'apprend une inscription, saint Philippe de Néri venait s'entretenir avec ses disciples « sur les choses de Dieu ». Le fondateur de l'Oratoire ne pouvait choisir un site où se faire mieux entendre. Un profond silence y règne ; aucun bruit de la ville n'y parvient. Et devant soi, par-dessus les

Thermes de Caracalla, on découvre à perte de vue la Campagne latine. Le déclin des beaux jours est ici d'une incroyable douceur. Les derniers rayons du soleil répandent sur le paysage une mélancolie grandiose qui vous prend l'âme entière.

Cette noble résidence est devenue, en 1812, la propriété de Manuel Godoï, prince de la Paix. Il avait accompagné à Rome le vieux roi Charles IV et Marie-Louise de Parme. Le couple royal demeurait au palais Barberini. La comtesse Josefa di Castillo, épouse secrète de Godoï et mère de ses deux fils, remplissait les fonctions de dame d'honneur de la Reine. Pour la seconder dans cette charge, elle avait auprès d'elle la jeune duchesse d'Alcudia, fille de Godoï et de son autre épouse, légitime celle-là, Marie-Thérèse de Bourbon, qui s'était retirée dans un cloître.

Les souverains déchus faisaient de longues et quotidiennes visites à la Villa Mattei. Charles IV, qui continuait de porter au prince la plus tendre affection, oubliait son infortune dans le commerce de l'homme séduisant qui, après lui avoir pris sa femme, lui avait coûté son trône et sa gloire. De temps à autre cependant, sa figure s'assombrissait. Et, se tournant vers Godoï, il soupirait :

« Ah ! mon pauvre ami ! Je suis cause de tous tes malheurs ! » Même en proférant cette plainte, il n'était pas ridicule, tant il avait de prestance et de dignité naturelles, tant il était Bourbon jusque dans ses moindres gestes. Quant à Marie-Louise, elle restait fascinée devant son amant, comme la première fois qu'elle l'avait distingué, sous le brillant uniforme des gardes du corps, vingt-cinq ans plus tôt. Souvent elle l'avait trompé, avec de très jeunes gens ; car elle était sensible. Mais elle n'avait pu s'arracher de lui : elle le portait dans les moelles et dans le sang. Pour elle aussi, le souvenir des catastrophes récentes comptait peu. Les heures qu'elle passait chaque jour à la Villa Mattei lui rendaient l'exil léger. Son âme romanesque s'y délectait bien plus qu'aux jardins majestueux de l'Escurial ou d'Aranjuez. Elle aimait par-dessus tout une petite pièce d'eau, où Godoï lentement la promenait dans une barque étroite. D'un regard souriant, le roi les contemplait du rivage. Et bientôt, las d'être seul, il les rappelait.

L'idylle était trop charmante pour durer. Le 27 décembre 1818, la reine mourut après une brève maladie. Charles IV, frappé en plein cœur, la suivit au tombeau vingt jours plus tard. Godoï trouva dans sa riche nature la force de leur survivre trente-deux ans. Mais sa chance était finie. Les biens énormes qu'il possédait en Espagne venaient d'être confisqués. Il connut la gêne, puis la misère. En 1834, il vendit la Villa Mattei pour venir habiter Paris. Le roi Louis-Philippe lui octroya une pension de quelques milliers de francs, grâce auxquels il vivota jusqu'en 1851, dans un pauvre appartement de la rue de la Michodière.

Au moyen âge, le Couvent des Frères de la Sainte-Trinité occupait l'emplacement actuel de la Villa Mattei.

L'ordre des Trinitaires, institué par Jean de Matha en 1198, s'était donné pour mission spéciale le rachat des chrétiens capturés par les Maures et les Sarrasins. La congrégation atteignit promptement un haut degré d'influence et de richesse; elle était encore en pleine prospérité à la fin du seizième siècle. Le nombre de ses couvents dépassait huit cents, qui étaient répandus dans tous les pays maritimes, Italie, France, Espagne, Portugal, Angleterre, Flandre, et jusqu'aux royaumes scandinaves. Le rôle des Frères consistait proprement à négocier les rançons. Il fallait obtenir d'abord le consentement du capteur barbaresque; il fallait ensuite se procurer l'argent. Cette seconde partie de la tâche était la plus malaisée ; car, en principe, le trésor de la communauté ne donnait qu'une fraction de la somme : c'était à la famille de fournir le reste. Rien de plus variable d'ailleurs que le taux d'affranchissement. Selon l'âge, le sexe et le rang, le prix oscillait de quatre cents francs à vingt-cinq mille francs. La négociation durait parfois des années. Sur les neuf cent mille libérations opérées par l'entremise des Trinitaires, il en est une dont l'esprit humain leur restera toujours reconnaissant, — la libération de Michel Cervantès, réglée le 19 septembre 1580 au prix de cinq cents écus d'or.

La porte primitive du monastère se voit encore à deux pas de l'Arc de Dolabella. Construite par Jacques Cosmati vers 1200, elle est formée d'une arcade à pilastres, au-dessus de laquelle une mosaïque s'encadre sous un dais. Le tableau n'a d'autre intérêt que de rappeler le but de l'institution trinitaire : on y voit le Rédempteur accueillant deux captifs, dont l'un est de race nègre. L'architecture de la porte mérite, au contraire, qu'on l'étudie. Les lignes générales sont belles dans leur simplicité. Les ornements, — moulures et colonnettes, chapiteaux et consoles, — sont d'un goût excellent.

Près de là, une nacelle de marbre antique, la *Navicella*, marque le centre d'une place. La petite église de Sainte-Marie-*in-Domnica* développe sur l'un des côtés son élégante façade à longs fûts doriques, dont Raphaël a, dit-on, fourni le dessin.

Sur l'autre côté de la place, un vaste édifice de forme ronde fait songer au Baptistère de Sainte-Constance. C'est l'Église de *San-Stefano-Rotondo*. A l'intérieur, deux rangées concentriques de colonnes accouplées déterminent une sorte de galerie annulaire. Au sommet de la voûte absidale, une belle mosaïque du septième siècle représente le Christ bénissant les saints Prime et Félicien, dont les restes sont inhumés sous l'autel. La paroi latérale est couverte de fresques où Tempesta et le Pomarancio ont évoqué des scènes de martyre, pleines de détails atroces. Destinées à émouvoir, ces peintures n'inspirent que le dégoût. Stendhal a défini très justement ce réalisme outrancier : « c'est le sublime des âmes communes ».

On a longtemps hésité sur l'origine de *San-Stefano-Rotondo*. On a cru y reconnaître un édifice du cinquième siècle, une des premières manifestations de l'influence byzantine à Rome. C'était un marché, le *Macellum magnum,* construit sous Néron, abandonné plus tard et que le pape Simplicius affecta au culte chrétien vers l'an 470.

On ne peut quitter le Cælius, sans faire halte à Saint-Grégoire-le-Grand.

L'église, reconstruite de toute pièce en 1633, est d'une magnificence banale; mais elle évoque, dans la nuit la plus sombre du moyen âge, un souvenir très illustre.

La maison de Grégoire s'élevait là. En 575, il la convertit en monastère pour y vivre selon la règle de saint Benoît. Quinze ans plus tard, le peuple romain l'arrachait à son cloître et, de force, l'élevait au Saint-Siège. C'était la première fois qu'un moine occupait la chaire apostolique. Nul n'en fut jamais plus digne. Théologien et moraliste, il a mérité que l'Église l'inscrivît au nombre de ses quatre Docteurs suprêmes, à côté de saint Ambroise, de saint Jérôme, de saint Augustin. Pasteur d'âmes et chef de gouvernement spirituel, il s'est montré plus remarquable encore. Il est, de tous les évêques, le plus grand qui ait paru dans la chrétienté latine. Par la piété, la science, le courage, la tendresse, il a réalisé le parfait modèle d'un pape.

Au temps de Grégoire comme aujourd'hui, un escalier précédait l'*atrium* de l'église. Par ces gradins, quarante moines descendirent solennellement, un jour de l'année 596. Ils allaient porter l'Évangile aux extrêmes confins de l'Europe, aux royaumes saxons de Bretagne. Le petit couvent du Cælius a été le berceau religieux de l'Angleterre.

SAINTE-MARIE-MAJEURE

La Basilique Libérienne. — Les mosaïques du cinquième siècle; l'œuvre de Torriti et de Gaddi aux treizième et quatorzième siècles. — Le *soffito* de San Gallo. — Les chapelles funéraires de Sixte-Quint et de Paul V.

Si l'on cherche une impression religieuse, il ne la faut point demander à Sainte-Marie-Majeure. Pas plus qu'à Saint-Paul-hors-les-Murs, ce n'est ici un lieu de recueillement, moins encore un lieu de mystère et d'oraison. Nulle idée n'y est plus absente que celle du surnaturel, de l'au-delà, de l'infini. Le cœur ne s'y sent nulle part ému; le rêve pieux ne s'y ébauche même pas. C'est que le décor est trop pompeux, trop splendide, trop miroitant.

Mais au point de vue de l'histoire et de l'art, le monument est des plus précieux. Tous les âges du christianisme y ont, en effet, imprimé leur trace.

L'âge antique a pour témoin le plan général, qui est celui des basiliques primitives.

Consacrée en 364 par le pape Liberius, reconstruite en 432 par Sixte III, l'église consiste dans une vaste enceinte plafonnée que deux files de colonnes séparent en trois nefs. Cette disposition si simple, si connue, acquiert ici son plus haut caractère de beauté, parce qu'une harmonie parfaite règne entre tous les éléments. On ne saurait concevoir des proportions plus justes dans les diverses parties architecturales, un sentiment plus délicat dans la mesure des ordres, une répartition plus heureuse des vides et des pleins.

Les colonnes, de marbre blanc, proviennent du Temple de Junon. Toutes pures et nues, elles n'ont d'autre ornement que l'élégante volute de leurs chapiteaux ioniques.

Par malheur, une arcade a été ouverte en 1585, sur chaque côté de la nef, pour donner accès aux somptueuses chapelles latérales où les papes Sixte-Quint et Paul V ont édifié leurs tombeaux. Deux entre-colonnements ont disparu ainsi et, sur ce point, l'unité du plan a été rompue.

La décoration première de l'église n'est plus représentée que par les mosaïques de l'arc triomphal et celles de l'imposte. Exécutées sous Sixte III, c'est-à-dire vers le milieu du cinquième siècle, elles représentent des scènes de la Bible, l'histoire d'Abraham, de Moïse, de Josué, puis l'Annonciation, l'Adoration des Mages, le Massacre des Innocents, Jésus disputant avec les docteurs, etc. Le dessin en est grossier. Si on les compare à l'œuvre magistrale de Sainte-Pudentienne, antérieure de cinquante années, on est surpris de la rapidité avec laquelle un art peut déchoir. Elles révèlent cependant un souci intéressant du costume et de la composition. On reconnaît que l'artiste a eu devant les yeux les bas-reliefs de la colonne Trajane et qu'il a su les regarder.

Peut-être aussi faut-il attribuer au cinquième siècle la mosaïque absidale, que l'on croit communément de la fin du treizième. Il n'est pas douteux que le pape Nicolas IV (1288-1292) ait confié au mosaïste Jacopo Torriti le soin de refaire la décoration de la tribune. Mais il est évident qu'une partie importante de l'œuvre primitive a été conservée. Les superbes rinceaux qui se déroulent sur la voûte sont tous semblables à ceux de Saint-Clément. Pourquoi ne seraient-ils pas d'une époque voisine? De même, les pittoresques détails de la scène fluviale qui se développe dans la zone inférieure ne sont-ils pas d'une inspiration toute proche de l'antiquité? Ce qu'il faut réserver à Torriti, c'est le noble groupe de Jésus couronnant sa mère, c'est la gracieuse théorie des anges prosternés, ce sont les ferventes figures de saint François d'Assise et de saint Antoine de Padoue, c'est la souple guirlande qui borde l'arc.

Sous cette belle peinture, d'autres mosaïques s'encadrent entre des fenêtres ogivales. L'histoire de la Vierge y est représentée. L'auteur — Gaddo Gaddi, florentin — travaillait à Rome vers 1305. C'est de lui aussi et de son compatriote Filippo Rusutti que sont les compositions encastrées dans le mur de la façade, sous la *loggia*. On y voit retracée la poétique légende qui fit d'abord attribuer à Sainte-Marie-Majeure le vocable de Notre-Dame-des-Neiges. L'œuvre des deux Florentins porte les caractères visibles de la grande réforme dont Cimabue est le précurseur et que Giotto a consacrée : la souplesse, l'expression, la liberté, la vie.

De la même époque est le tombeau du cardinal Gonsalvo Rodriguez, qui s'élève dans le bas-côté de droite et qui est peut-être le chef-d'œuvre de Jean Cosmati. Travail de sculpteur autant que d'architecte et de mosaïste, le monument est d'une technique supérieure et d'un goût raffiné; les visages ont une valeur expressive, une délicatesse morale, dont les artistes de l'âge précédent ne se doutaient pas.

Sainte-Marie-Majeure possède une des plus belles créations décoratives de la Renaissance : le *soffito* à caissons dorés qui recouvre la nef centrale. Giuliano et Antonio da San Gallo passent pour l'avoir exécuté, par l'ordre d'Alexandre VI. Rien de plus fastueux que ce lambris de moulures profondes et rayonnantes où les armes des Borgia saillissent çà et là, entre les oves, les panaches et les feuillages ciselés. On se plaît à imaginer, sous un tel plafond, les pompes religieuses dont cette époque sensuelle raffolait, fêtes liturgiques et jubilaires, cérémonies de mariage, de funérailles, de couronnement, spectacles d'un luxe inouï, où l'on n'eût pas relevé une faute de goût.

Que dire des célèbres chapelles latérales qui renferment les tombeaux de Sixte-Quint et de Paul V? Domenico Fontana et Flaminio Ponzo, qui les ont bâties en 1585 et 1611, ont cherché à produire un effet de magnificence : ils y ont réussi. Mais l'accumulation des formes, l'excès des reliefs, la surcharge des profils, l'exubérance des ornements, la profusion des couleurs vives, l'abus de l'or et du jaspe rendent aveugle aux fortes qualités organiques de l'œuvre : on regarde et on passe.

SAINT-LAURENT-HORS-LES-MURS

Les constructions d'Honorius III et d'Innocent IV. — L'art des Cosmates.

Avant peu, les constructions modernes qui débordent l'enceinte de Rome sur la Voïe Tiburtine auront envahi les entours de l'Église Saint-Laurent, autrefois si calmes, si déserts, si recueillis.

Un large portique, soutenu par de belles colonnes torses à chapiteaux ioniques, occupe le fond de la place, qu'un haut campanile domine à l'arrière-plan. Autour, ce sont les murs d'un cimetière, les bâtisses d'un couvent, puis, çà et là, se détachant sur le ciel, des cyprès, des chênes-verts, des pins.

Fondée par Constantin vers 330 et classée, à ce titre, parmi les cinq Basiliques majeures de Rome, l'Église de Saint-Laurent-hors-les-Murs a été plusieurs fois reconstruite (1).

(1) Les quatre autres Basiliques majeures ou patriarcales sont : Saint-Jean-de-Latran, Saint-Pierre-du-Vatican,

Le portique date du pontificat d'Honorius III, c'est-à-dire des premières années du treizième siècle. La frise et la corniche, avec leurs rinceaux, leurs mufles de lions, leurs entrelacs de mosaïque à fond d'or, leurs incrustations de marbre, sont d'un travail excellent et d'un aspect très pittoresque.

Étrange est l'intérieur de l'église. Deux parties distinctes la composent, de niveau inégal.

La première, qui est du temps d'Innocent IV (1245), consiste dans un ample vaisseau divisé en trois nefs par vingt-deux colonnes ioniques. Un plafond caissonné recouvre la nef majeure, où deux ambons se dressent symétriquement.

L'ambon de droite est le plus beau de Rome. On y mesure tout ce que l'art du marbre doit aux Cosmates. Avant eux, ce n'était guère plus que du travail de marqueterie. L'ouvrage se réduisait à découper des morceaux de brèche

Sainte-Marie-Majeure et Saint-Paul-hors-les-Murs. Ces basiliques correspondent aux cinq patriarcats primitifs de Rome, Constantinople, Alexandrie, Antioche et Jérusalem. Les deux basiliques de Sainte-Croix-en-Jérusalem et de Saint-Sébastien sur la Voie Appienne complètent le groupe des Sept-Églises, auxquelles il est de tradition, depuis le sixième siècle, que les pèlerins aillent réciter un psaume de la pénitence, en souvenir des sept effusions de sang du Christ pendant la Passion.

ou de jaspe, à les rapprocher selon la nuance, puis à les sertir et à les encadrer ; parfois quelques touches de mosaïque rehaussaient le ton des plaques. La nouvelle école cisèle les bordures, fouille les chapiteaux, creuse les pilastres et fait courir, sur le tout, un chatoyant glacis de spirales et de broderies pailletées.

Sauf les ambons, l'église antérieure n'a point d'ornement. Aussi l'impression qu'elle laisse est-elle austère et forte.

Très différente est la seconde partie de l'édifice, vaste chœur surélevé où donnent accès des escaliers latéraux.

Au milieu, un troisième escalier descend vers une crypte qui enferme le tombeau de Pie IX et les restes des deux premiers martyrs, saint Étienne et saint Laurent. Du sol même de cette crypte surgissent douze merveilleuses colonnes corinthiennes dont la moitié supérieure apparaît seule par-dessus la clôture du chœur. La frise qu'elles portent est toute composée de morceaux antiques, et soutient elle-même une élégante colonnade qui forme tribune. Sur l'arc triomphal resplendit une mosaïque, exécutée vers l'an 570 et de style byzantin.

Au fond, un siège épiscopal, œuvre du treizième siècle, fait briller ses disques de porphyre et ses entrelacs de marbres précieux.

Enfin, sur tout le chœur s'étend un superbe *soffito* d'azur et d'or, construit aux premières années de la Renaissance.

Autant la partie antérieure de l'édifice nous est apparue sévère et simple, autant celle-ci est riche et variée. Si hétérogènes que soient les éléments de cette richesse, on n'y sent point de désaccord; on y découvre au contraire une harmonie profonde, une de ces paradoxales harmonies dont Rome a le secret.

SAINTE-MARIE-DU-TRANSTEVÈRE

La *Taberna meritoria*. — La mosaïque au douzième siècle.

Aux premiers temps de l'ère chrétienne, les Juifs de Rome habitaient principalement le quartier du Transtevère, quartier misérable, sordide, où logeaient aussi les Syriens porteurs de litière, les matelots du Tibre, les journaliers qui déchargeaient sur le quai du fleuve les chalands venus d'Ostie.

Non loin du port, était une sorte de caserne pour les soldats invalides, la *Taberna meritoria*. Le bâtiment, abandonné, aurait été cédé par l'empereur Alexandre Sévère au pape Calixte Ier, qui y aurait construit, en 222, la première église de l'Occident. Les chrétiens, d'ailleurs, attribuaient à ce lieu un caractère symbolique : le jour de la naissance du Christ, une source d'huile avait jailli là, tout d'un coup. L'appellation de *Fons olei* en est restée à l'église.

Le monument a subi, au cours des âges,

d'innombrables restaurations et adjonctions. Dans l'ensemble, l'édifice est du douzième siècle; le portique a été ajouté par Carlo Fontana en 1702.

Le fronton de la façade porte une belle frise de mosaïque, gâtée malheureusement par des retouches modernes. Le sujet est la parabole des vierges folles et des vierges sages, les unes et les autres s'en allant vers l'époux. « Celles qui étaient folles ne prirent point d'huile pour leurs lampes; celles qui étaient sages s'en munirent, au contraire. La nuit venue, les folles dirent aux sages : Donnez-nous de votre huile, parce que nos lampes s'éteignent. Les sages répondirent : nous n'avons d'huile que ce qu'il faut; allez en acheter. Pendant que les folles y allaient, l'époux arriva; les sages entrèrent avec lui aux noces, et la porte fut fermée (1). »

L'œuvre, qui est du douzième siècle, trahit par son ordonnance trop systématique l'action persistante du style byzantin; on y sent toutefois la recherche du naturel, le souci de varier les poses, d'assouplir les mouvements et les draperies.

L'intérieur de l'église, avec ses heureuses

(1) *Mathieu*, XXIV.

proportions et ses riches colonnes ioniques, les plus belles de cet ordre qui soient à Rome, a subi, sous le pontificat de Pie IX, d'affreuses restaurations.

Mais, au fond de l'abside, une mosaïque superbe resplendit; le pape Innocent II la fit exécuter en 1140.

Assis à côté l'un de l'autre, le Christ et la Vierge occupent le centre de la composition. Le groupe est d'une imposante beauté. Depuis plus de six siècles, l'art romain n'avait rien produit, non seulement d'égal, mais de comparable. La Vierge demeure byzantine par l'extraordinaire richesse de son costume, qui la fait ressembler à quelque impératrice de Byzance ou de Nicomédie; mais le visage est d'une onction et d'une suavité exquises. Quant au Christ, il est d'une olympienne majesté. Les grands jours de la mosaïque sont proches.

Au-dessous de la voûte absidale, une série de tableaux en mosaïque également, mais postérieurs de deux siècles à l'œuvre précédente, racontent la vie de la Vierge en scènes pittoresques et animées. L'auteur est un élève de Giotto, le peintre Cavallini; sa facture trahit, en effet, la main d'un peintre plutôt que d'un mosaïste.

LE CHÂTEAU SAINT-ANGE

Le Mausolée d'Adrien. — Théodora et Marozia. — Les prisonniers des Borgia. — Le sac de Rome en 1527. — La fin de la Renaissance.

L'histoire du Château Saint-Ange n'est qu'une longue suite de souvenirs funèbres ou tragiques. Tour à tour sépulcre, forteresse, prison, aucun monument de Rome n'évoque un plus sombre passé, aucun ne pourrait témoigner de plus d'événements sinistres. En vain les papes du seizième et du dix-septième siècle l'ont-ils fait décorer à l'intérieur pour s'y réfugier au besoin : l'art brillant des Pinturicchio, des Jules Romain et des Zucchari n'a pu conjurer les fantômes ténébreux.

Construit en l'année 135 par Adrien, l'édifice a servi de mausolée impérial jusqu'au temps de Septime Sévère. Ce qu'il en reste aujourd'hui est à peine le squelette. Des marbres de Paros revêtaient la structure. Une frise composée de festons et de bucranes cerclait le soubassement. A l'étage supérieur, des pilastres corinthiens soutenaient une large corniche, d'où s'élevait une couronne de statues grecques rassemblées par Adrien au cours de ses voyages. Un quadrige glorieux surmontait l'édicule central. L'œuvre égalait en magnificence les tombes royales de Thèbes et d'Halicarnasse.

Quand, vers la fin du troisième siècle, les Barbares devinrent menaçants, Aurélien comprit l'*Adrianeum* dans le système défensif dont il munit la capitale. Deux flancs de muraille, appuyés aux angles du mausolée, en firent une sorte de bastion qui gardait l'entrée du pont. Le tombeau, devenu citadelle, fut pillé, en 410, par les Visigoths d'Alaric. Cent vingt ans plus tard, les Goths de Vitigès ne purent le prendre. Mais sa résistance lui coûta cher. A bout de munitions, la garnison mit en pièces toute la parure sculptée de l'édifice et repoussa les assaillants sous une pluie de marbre.

Au temps de l'exarchat byzantin, le monument fut employé comme prison. Il n'y eut d'ailleurs rien à faire pour convertir en cachots les cryptes qui avaient jadis enfermé les urnes sépulcrales des empereurs. Le *Castello* prit dès lors, dans l'imagination populaire, un aspect terrifiant et mystérieux. Par une bizarre confusion de souvenirs et de légendes, on l'appelait la « Prison de Théodoric ».

Le dixième siècle marque dans les annales du Château Saint-Ange une ère nouvelle, qui tient du rêve ou plutôt du cauchemar. Il est devenu le palais de ces deux femmes diaboliques, Théodora et sa fille Marozia, qui, durant près de quarante années, ont régné en souveraines sur le Saint-Siège et sur la ville. Pareillement belles toutes deux, elles se valaient aussi pour l'ambition, l'impudeur et l'audace.

La première avait épousé un personnage important de l'aristocratie romaine, le « sénateur et consul » Théophilacte. Par l'influence du marquis de Toscane dont elle était la maîtresse, elle avait réussi à se constituer, dans Rome, une omnipotence quasi royale. Mais, s'étant éprise d'un jeune prêtre de Ravenne, elle le fit élire pape, sous le nom de Jean X, afin qu'il demeurât toujours près d'elle, nous dit l'évêque de Crémone, Liutprand, et « qu'elle pût jouir de lui plus commodément ».

Sa fille, Marozia, s'était donnée vierge au pape Sergius III, à l'homme qui, peu d'années auparavant, avait eu l'idée atroce de faire exhumer le cadavre du pape Formose et de le soumettre tout putréfié à la procédure d'un synode,

Elle avait conçu, de ce monstre, un fils. Trois fois elle se maria, dans la suite, et chaque fois d'une manière plus avantageuse. Son premier époux n'était que marquis de Spolète; le second était duc de Toscane; le troisième était comte de Provence et roi d'Italie : elle médita un jour de s'élever jusqu'à l'Empire. En 928, elle détrôna Jean X, l'ancien amant de sa mère, et l'envoya mourir au fond d'une prison. Elle traita de même le successeur, Léon VI, qui, élu par son ordre, avait cherché ensuite à s'émanciper d'elle. Étienne VII, qui le remplaça, profita de la leçon et se garda bien d'opposer le Latran au Château Saint-Ange; mais il mourut de maladie après vingt mois seulement de règne. A l'élection suivante, Marozia obtint mieux encore : elle fit décerner la couronne pontificale au bâtard qu'elle avait eu de Sergius III et qui prit le nom de Jean XI. Elle fondait sur cette combinaison les plus vastes espoirs. L'événement la déçut. Jean XI et son frère cadet, Albéric, se liguèrent bientôt contre elle. A la faveur d'une émeute, ils s'emparèrent de sa personne et l'enfouirent dans l'*in pace* d'un couvent.

Cette famille, digne des Atrides, fait penser

naturellement aux Borgia. Le Château Saint-Ange invite d'ailleurs à les comparer; car le souvenir d'Alexandre VI et de César s'y retrouve partout. Un des premiers soins du Pape fut d'accroître la valeur défensive de l'ancien mausolée. Dès 1492, on se mit à l'ouvrage. Antonio da San Gallo dirigeait les travaux. La tour centrale fut exhaussée, les escarpes reconstruites, les douves approfondies. Par surcroît de précaution, un chemin couvert fut établi entre la forteresse et le Vatican.

Alexandre VI se félicita bientôt de sa prudence. Le 7 janvier 1495, il traversait en hâte le passage voûté. Charles VIII venait d'entrer à Rome. Groupés autour du roi, les cardinaux ennemis des Borgia le suppliaient de déposer le pontife scandaleux et de prendre en main la réforme de l'Église. L'heure était critique. Le pape risquait sa tête autant que sa tiare; il se croyait perdu. Les murailles qui le protégeaient lui permirent au moins de négocier. Une transaction intervint : Charles VIII obtint droit de conquête sur Naples, et le Borgia continua de régner.

C'est au Château Saint-Ange également qu'Alexandre VI s'enferma, trois ans plus tard, pour pleurer le duc de Gandie. D'une fenêtre de la citadelle, il contempla le cortège de son fils mort que l'on menait en grande cérémonie à Sainte-Marie-du-Peuple. Selon l'usage italien, le cercueil n'était pas clos et le cadavre avait la figure découverte. Les obsèques étant célébrées de nuit, deux cents estafiers munis de torches éclairaient le chemin. Quand la civière s'engagea sur le pont, le Pape reconnut les traits de son malheureux enfant. La scène du meurtre s'évoqua-t-elle alors devant ses yeux? eut-il l'intuition subite que son autre fils, son cher César, était l'assassin? — toujours est-il qu'on le vit reculer d'horreur et se voiler la face en proférant un cri aigu.

Les principales victimes des Borgia furent incarcérées au Château Saint-Ange. Astor Manfredi, le jeune et glorieux héros de Faënza, y demeura un an. Après quoi, on le jeta dans le Tibre avec une pierre au cou. Le cardinal Orsini, arrêté le 2 janvier 1503, ne resta guère dans sa prison, et pour cause. Le 15 février de la même année, l'ambassadeur de Venise annonce au doge : « Le cardinal Orsini donne des signes de frénésie, dans sa cellule. Je laisse à Votre Sublimité le soin d'apprécier ce qu'il faut penser de cette maladie. » Huit jours plus tard, le chapelain d'Alexandre VI, Burckardt, écrit dans son trop véridique journal : « Le très révérend Orsini est décédé au Château Saint-Ange. Que son âme repose en paix ! Amen ! » Il termine par ces mots, d'une ambiguïté sinistre : « Le Saint-Père a confié à mon collègue Bernardino Guttieri tout le soin des funérailles. Aussi, n'ai-je plus rien voulu savoir. Je n'ai été mêlé en rien et d'aucune manière à cette affaire. » Quand la nouvelle de la mort se répandit dans Rome, il n'y eut qu'une voix : « Le cardinal a été empoisonné ! »

Si affreuses que fussent les cellules du Château Saint-Ange, il y avait pis encore : il y avait l'oubliette, le *Sammarocho,* comme on la nommait dans le peuple, la *bruttissima caverna,* comme l'appelait Benvenuto Cellini. L'auteur du *Diarium* la décrit avec sa précision coutumière, le jour où il note que l'archevêque de Cosenza vient d'y être descendu : quatre murs sans la moindre fenêtre, un lit de planches, une paillasse, une couverture, un bréviaire, la Bible, les Épîtres de saint Pierre, un baril d'eau, trois morceaux de pain, une bouteille d'huile, une lampe, — l'eau, le pain et l'huile devant être renouvelés tous les trois jours. Après avoir spécifié que l'archevêque est enterré dans cette fosse à perpétuité, Burckardt formule ce vœu charitable : « Que le Seigneur tout-puissant daigne accorder patience au pauvre prisonnier! »

Le Château Saint-Ange rappelle enfin la plus épouvantable catastrophe que Rome ait subie au cours de sa longue histoire, le sac de 1527. Même les Visigoths d'Alaric en 410, même les Vandales de Genséric en 455, même les Normands de Robert Guiscard en 1084, avaient causé moins de mal. Comme Juan Perez l'écrivait à Charles-Quint, « les Turcs seuls auraient pu en faire autant. »

Le 5 mai 1527, les Impériaux occupèrent le Janicule. Bourbon, qui les commandait, établit son quartier-général au Couvent de Saint-Onuphre. Le Connétable avait là, sous ses ordres, vingt mille Allemands, quatorze mille Italiens, six mille Espagnols. Le lendemain, toute cette masse dévala sur le Borgo, tandis que Clément VII éperdu courait s'enfermer dans le Château Saint-Ange. Dès la première attaque, Bourbon fut jeté bas d'un coup d'arquebuse. Sa mort excita ses troupes. Elles firent brèche aussitôt.

Pendant huit jours, du 6 au 14 mai, Rome offrit un spectacle d'horreur indescriptible. Églises, palais, villas, couvents, magasins, tout fut saccagé. Le butin s'entassait dans les rues. On y voyait pêle-mêle les tableaux, les statues, les pièces d'orfèvrerie, les étoffes précieuses, les meubles, les faïences, les émaux, le plus magnifique trésor d'art que jamais ville ait possédé. Aucun monument, si vénérable fût-il, n'échappa au pillage. Sainte-Marie-Majeure, le Latran, Saint-Pierre subirent le sort des autres basiliques. Les sépultures mêmes furent violées, pour en extraire les bijoux qu'avaient emportés les morts. Le cadavre de Jules II fut ainsi arraché du cercueil et dépouillé des insignes pontificaux. Les profanateurs essayèrent également de forcer la tombe de Sixte IV; mais le bronze de Pollajuolo leur opposa une résistance invincible.

Dans les derniers jours, la convoitise des soudards se tourna en fureur. Ne découvrant plus rien à enlever, ils détruisirent, pour la joie sauvage de détruire. Les manuscrits de la Bibliothèque Vaticane furent jetés en litière aux chevaux. Les fresques des Appartements Borgia et des *Stanze* souffrirent mille dégâts. Et de tous les points de Rome, on voyait monter des flammes d'incendie. Comme luthériens, les lansquenets s'attaquèrent de préférence aux reliques et aux objets sacrés. Ils traînèrent dans les tavernes le voile de sainte Véronique. Un hallebardier fixa au bout de sa hampe le fer de la sainte Lance. La croix de Constantin fut mise en pièces.

Le drame se termina dans une orgie érotique et sanglante, dans un paroxysme de luxure et de férocité. On vit des cardinaux, des prêtres, des bourgeois et jusqu'à des enfants torturés sur les places publiques. Le supplice le plus fréquent fut la pendaison par les bras, avec du feu sous les pieds. « Quant aux dames, dit Brantôme, il ne faut demander comment elles furent repassées. » L'auteur des *Grands Capitaines* nous rapporte, à cet égard, les souvenirs qu'il tenait « d'un vieux trompette françois qui avoit été à M. de Bourbon et qui avoit vu tout le mystère. » Nulle citation n'est possible : il faudrait trop retrancher. Des femmes, des religieuses, des jeunes filles subirent là, sous les yeux de la foule, de telles souillures que, n'y pouvant survivre, elles se jetèrent dans le Tibre. A ce jeu atroce, les Espagnols surpassèrent tous leurs compagnons des autres nations. *In illo nostræ Urbis excidio,* écrit un témoin oculaire, *mali fuere Germani, pejores Itali, Hispani vero pessimi.*

Assiégé dans le Château Saint-Ange, souffrant de la faim, entouré de morts et de blessés, le Pape occupait les jours et les nuits à pleurer. Sans cesse il répétait : « Mon Dieu! ne m'avez-vous donc fait naître que pour voir cela! » Ce qu'il voyait, c'était sa ville en ruine, son Église profanée, ses richesses perdues, son rêve de gloire anéanti. Mais l'événement était plus grave encore : il marquait la fin d'une ère historique et d'un état social, la fin de la Renaissance.

SAINTE-MARIE-DE-LA-MINERVE

L'église dominicaine. — Les fresques de Filippino Lippi. — Les sculpteurs italiens à Rome.

C'est la seule église gothique de Rome. La construction, établie sur les ruines d'un ancien Temple de Minerve, fut commencée vers 1285 par deux moines dominicains, Fra Sisto et Fra Ristoro, qui venaient de bâtir Sainte-Marie-Nouvelle à Florence. Les Cisterciens et les Franciscains avaient été les premiers à propager en Italie le style de l'architecture septentrionale : les églises et abbayes qu'on leur doit ne se comptent plus. Mais l'ordre de saint Dominique les eut vite supplantés sur ce terrain, où les intérêts de l'art n'étaient pas seuls en cause.

Sainte-Marie-de-la-Minerve ne supporte pas d'être comparée à sa sœur florentine. Elle est aussi dépourvue de grandeur que de charme, et les restaurations maladroites qu'elle a subies, dans le cours des âges, la font paraître plus lourde encore. On y remarque surtout le plus grave défaut du gothique italien : l'insuffisance de l'essor vertical.

Par contre, elle est riche en belles œuvres peintes ou sculptées.

Au nombre des premières, les fresques de Filippino Lippi, dans la Chapelle Caraffa, méritent une étude spéciale.

Le fils de Fra Filippo vint de Toscane à Rome en 1489. Il y était précédé par une brillante réputation; car, tout jeune, il avait été chargé de finir l'œuvre de Masaccio dans l'Église *del Carmine*, et il avait réussi dans cette tâche redoutable. En outre, on le savait fort séduisant de manières, d'une courtoisie exquise, incomparable dans l'organisation des fêtes intimes et des spectacles publics. Le fils d'une religieuse et d'un moine fut donc chaleureusement accueilli par la société romaine. Les sujets qu'il choisit pour le décor de la Chapelle Caraffa sont l'*Annonciation* et l'*Assomption de la Vierge*, l'*Extase* et le *Triomphe de saint Thomas d'Aquin*. Au premier coup d'œil jeté sur ces fresques, on reconnaît que la peinture italienne vient de franchir une étape décisive. On n'y trouve plus trace de la raideur et de la gaucherie des primitifs. On y observe, au contraire, une liberté, inconnue jusqu'alors, dans l'ordonnance et dans le geste. Il y a même excès dans les mouvements. A force de vouloir animer les personnages et les groupes, le peintre leur communique une agitation factice. Mais, s'il ne possède pas encore tout le secret des grandes compositions vivantes et rythmées, du moins a-t-il fait un pas immense dans la voie où Raphaël triomphera bientôt.

La collection des sculptures est d'une haute valeur pour l'histoire de l'art depuis la fin du treizième siècle.

Dans cette longue suite d'œuvres nées à Rome, ce qui frappe le plus, c'est l'importance des éléments étrangers. Nulle part il n'est plus évident que le milieu latin fut toujours réfractaire à la production d'un style plastique.

Voici, par exemple, le sépulcre de l'évêque Guglielmo Durante, chef-d'œuvre de Jean Cosmati (1297). L'ordonnance architecturale du tombeau et l'effigie du mort relèvent directement de l'école pisane. Quant aux figures de mosaïque dont le sarcophage est couronné, le dessin en est trop savant et l'expression trop pénétrante, pour qu'on n'y reconnaisse pas une main florentine, peut-être la main de Giotto.

Pendant l'exil d'Avignon et le Grand Schisme

(1309-1417), l'art romain tombe dans une léthargie mortelle, d'où il ne sort, vers 1445, que grâce aux artistes appelés de Toscane par Eugène IV et Nicolas V.

En 1454, Mino da Fiesole arrive dans la Ville Éternelle, qu'il remplit de bas-reliefs, de tabernacles et de tombeaux. Il a exécuté pour Sainte-Marie-de-la-Minerve le sépulcre de Francesco Tornabuoni, œuvre toute simple, mais d'une élégance incomparable et du goût le plus raffiné.

C'est encore à un sculpteur de Fiesole, Michel Maini, qu'on doit le *Saint Sébastien* placé dans une chapelle voisine. Le visage du martyr est empreint d'un mysticisme douloureux qui trahit quelque influence de la peinture ombrienne. Et le corps est représenté nu, ce qui est une audacieuse innovation pour l'époque (1480).

Les artistes lombards figurent aussi parmi les décorateurs de la vieille église dominicaine, où le plus habile d'entre eux, Andrea Bregno, a construit le splendide mausolée du cardinal Tebaldi (vers 1480) (1).

Le *Christ* de Michel-Ange, œuvre insigni-

(1) Durant tout le quinzième siècle, Rome n'a guère produit qu'un sculpteur distingué : Paolo Romano. On lui doit notamment la statue de saint Paul qui est sur le pont Saint-Ange (1461).

fiante que le Buonarotti a tout au plus ébauchée, nous ramène à l'école florentine.

Et c'est encore à trois sculpteurs originaires de Toscane, Bandinelli, Montelupo et Baccio Bigio, que sont dus les froids mausolées de Léon X et de Clément VII Médicis (1560). A vrai dire ces deux monuments ne portent aucune marque du goût florentin. La Renaissance, détournée de sa voie première, ne sait plus qu'imiter servilement les modèles antiques, et elle en meurt. L'agonie durera près d'un demi-siècle.

Vers 1620, la sculpture romaine trouvera dans le retour au culte sensuel des formes un dernier renouveau de gloire et de vitalité. Mais le promoteur de cette révolution, ce n'est toujours pas Rome qui le produira; c'est Naples. Il s'appellera Bernin.

SAINTE-MARIE-DU-PEUPLE

La légende de Néron au moyen âge. — La Chapelle Chigi ; les *Planètes* de Raphaël. — Les fresques de Pinturicchio. — La sculpture de la Renaissance et l'art antique. — L'église des Borgia.

Quand Néron eut expiré sous le poignard d'Épaphrodite, la douce Acté, qui l'aimait toujours, recueillit son corps, et, secrètement, elle le fit déposer au tombeau des Domitius, qui s'élevait près de la Voie Flaminienne, là où s'étendent aujourd'hui les jardins du Pincio. Durant plusieurs années, on vit des femmes apporter des fleurs sur le sépulcre ; car il est notable que le monstre laissa des regrets tendres à plus d'un cœur féminin. Les folies sanguinaires de son règne furent tant de fois renouvelées, sinon dépassées après lui, que sa mémoire en profita : l'horreur dont elle était l'objet se répartit sur beaucoup d'autres. Mais, au moyen âge, la légende opéra un de ses raccourcis habituels. Néron devint comme le symbole de toutes les abominations accumulées par les Césars romains. Et on le haït presque à l'égal de Judas.

On l'exécra d'autant plus que sa malfaisance lui survivait. La nuit, son spectre sortait de la tombe pour étrangler les hommes et les chevaux qui traversaient la Place du Peuple. Le fantôme continua de sévir jusqu'au jour où le pape Pascal II, inspiré par une vision céleste, se rendit processionnellement devant le mausolée, abattit de sa main l'arbre qui l'ombrageait, et fit le vœu de construire sur ce terrain maudit un sanctuaire en l'honneur de la Vierge (1099).

L'église, rebâtie sous Sixte IV en 1475 et remaniée au dix-septième siècle, n'offre guère d'intérêt architectural que dans la Chapelle Chigi, édifiée sur les plans de Raphaël.

L'œuvre est digne du Sanzio; Bramante et Perruzi auraient pu la signer. Elle consiste en un octogone à pans inégaux, surmonté par un tambour cylindrique d'où s'élève une coupole. Cette simple construction est d'un grand charme, qu'elle doit aux justes rapports de son ordonnance comme au goût très pur de ses profils et de ses ornements.

Les secteurs de la coupole sont revêtus de mosaïques, dont Raphaël a composé les cartons. Le thème est fort beau, en ce qu'il rattache la conception païenne de l'univers à la conception biblique. L'Éternel est représenté à l'instant où il crée les astres et les lance au travers de l'espace. C'est la minute solennelle décrite par Dante, au début de l'*Enfer* : « Et le soleil montait avec son cortège d'étoiles quand, pour la première fois l'amour divin mit en mouvement ces belles choses. »

E'l sol montava in su con quelle stelle
Ch'eran con lui, quando l'amor divino
Mosse da prima quelle cose belle.

L'image de Dieu rayonne au sommet de la coupole. Autour de lui, dans les caissons de la voûte, les planètes sont personnifiées par des figures empruntées à la fable : Apollon, Saturne, Diane, Vénus, etc. Chacune d'elles est accompagnée d'un ange qui semble lui communiquer l'impulsion du Créateur. Les symboles antiques du Cosmos sont ainsi raccordés et subordonnés au dogme chrétien.

Ces nobles compositions, exécutées en 1516 par Luigi della Pace, ont subi malheureusement des retouches importantes, un siècle plus tard, sous la direction de Bernin. Elles y ont perdu presque tout leur style : la grandeur y est devenue emphatique et la grâce maniérée.

Raphaël passe pour avoir sculpté la statue

de *Jonas* qui orne l'une des quatre niches. Mais il n'en a probablement fourni que la maquette ou l'esquisse, abandonnant le travail du marbre à un jeune Florentin, Lorenzetto. L'œuvre est d'ailleurs remarquable par l'élégance des lignes et les souples accents de modelé.

En dehors même de la Chapelle Chigi, l'Église de Sainte-Marie du Peuple est une des plus précieuses de Rome, au point de vue décoratif. Pinturicchio y a prodigué les fresques, si tant est qu'il soit l'auteur de tout ce qu'on lui attribue. L'*Adoration des Bergers*, l'*Assomption*, le *Couronnement de la Vierge,* les *Actes de saint Jérôme,* les *Sibylles* et les *Apôtres* nous montrent les principaux aspects de ce talent inégal, minutieux et brillant qui rappelle tout à la fois le Pérugin et Carpaccio, sans jamais atteindre pourtant à la poésie de l'un ni à l'ampleur de l'autre.

L'église, enfin, est peuplée de tombeaux dont la plupart sont de provenance florentine. A considérer les plus anciens d'entre eux, on mesure combien la statuaire italienne fut lente à rompre avec ses traditions nationales et à se plier au joug classique. Durant tout le *quattro cento*, les sculpteurs connurent, en effet, trop peu l'antiquité pour subir profondément son action.

Quand, depuis longtemps déjà, l'humanisme littéraire était converti à l'idéal païen, ils gardaient encore leur génie propre, leur sens personnel de la nature et de la vie. Et leurs œuvres continuaient de manifester le même réalisme pénétrant et scrupuleux, le même souci du détail exact, la même recherche de l'expression intellectuelle ou sentimentale, mais aussi la même inhabileté dans la représentation de la forme nue, la même ignorance du rythme, de l'harmonie, de la grandeur sereine et simple, bref de tout ce qui caractérise l'art grec.

C'est vainement que l'on chercherait l'influence antique dans le mausolée de Cristoforo de la Rovère, par Mino da Fiesole, ou dans le sépulcre du cardinal Foscari, par Pollajuolo. Et pourtant ces belles œuvres furent exécutées à l'extrême fin du quinzième siècle.

Mais un autre style apparaît dans deux monuments presque semblables : les mausolées des cardinaux Basso de la Rovère et Antonio Sforza, construits par Andrea Sansovino entre 1505 et 1507. Ce qu'on y observe d'abord, c'est l'importance prise par l'architecture. L'ordonnance générale, avec son vaste fronton à plein cintre, ses colonnes libres et ses portiques latéraux, rappelle les arcs de triomphe romains. Au centre, sur le sarcophage, le défunt est représenté, non pas étendu comme un cadavre, mais à demi-allongé comme s'il sommeillait. De grandes statues, au nombre de sept, couronnent les entablements ou s'encadrent en des niches. Enfin, un somptueux décor de rinceaux et de feuillages orne le piédestal, les fûts et les architraves. C'est surtout dans les figures sculptées que se trahit le style nouveau. Par leur noblesse tranquille, par le caractère abstrait de leur beauté, par l'ampleur de leurs contours et de leurs draperies, elles sont en dehors de la tradition réaliste : elles relèvent entièrement de l'art hellénique. L'apogée de la Renaissance approche.

Sainte-Marie-du-Peuple était l'église préférée des Borgia. Ils y entretenaient une chapelle dont le tabernacle, œuvre excellente de Bregno, est marqué à leurs armes.

Lucrèce y vint souvent prier; car elle était sincèrement pieuse. Le 5 septembre 1501, elle y accourut, exultant de joie, louant Dieu de tout son cœur : elle venait d'apprendre son prochain mariage avec Alphonse d'Este; elle allait être duchesse de Ferrare!

Quatre ans plus tôt, on avait enterré là son frère, le duc de Gandie, assassiné par César.

12

Le même caveau reçut leur mère, Vannozza, en 1518. On fit à l'ancienne maîtresse du Pape des obsèques pompeuses, « comme on eût fait à un cardinal », écrit le Vénitien Sanudo. Sur la dalle funéraire, on grava cette épitaphe, qui a disparu depuis :

A VANNOZZA DE CATANEI,
QUE LE DUC CÉSAR DE VALENTINOIS, JUAN DE GANDIE,
JOFFRE DE SQUILLACE ET LUCRÈCE DE FERRARE
ONT ENNOBLIE,
ET QUE SA BONTÉ, SA PIÉTÉ, SON GRAND AGE
ONT SI HAUTEMENT DISTINGUÉE.

Par le jeu de la mort, le souvenir des Borgia se trouve ainsi rattaché au souvenir de Néron (1).

(1) Quant aux trois membres principaux de la famille, — Alexandre VI, César et Lucrèce, — on ignore en quel lieu sont leurs restes. Le cercueil du Pape avait d'abord été déposé dans les cryptes vaticanes; mais Jules II l'en a fait retirer pour l'enfouir, sans croix, sans épitaphe, dans l'église espagnole de Sainte-Marie-du-Monserrat, où l'on n'a pu le découvrir encore. Le Valentinois, tué obscurément le 11 février 1507 sous les murs de Viana en Navarre, avait été inhumé dans l'église de cette ville, sous un sépulcre de marbre. Au dix-septième siècle, le corps en fut extrait, comme profanant le sanctuaire, et jeté à la voirie; le monument fut détruit. Enfin, aucune tombe de Ferrare ne porte le nom de Lucrèce.

SAINT-PIERRE-DU-VATICAN

Les portiques de Bernin. — La façade de Maderna. — La porte de Filarète. — Bramante et Michel-Ange. — La coupole. — La croix grecque et la croix latine. — La décoration. — Les mosaïques, les statues, les tombeaux.

Lorsqu'on débouche sur la Place de Saint-Pierre, on éprouve quelque peine à y évoquer le drame atroce de l'an 65, les chrétiens jetés aux bêtes, les femmes exposées nues dans l'arène, l'épisode ignoble des Danaïdes et des Dircés, enfin, pour illuminer la fête nocturne, les martyrs enflammés vivants sous la poix. Comment imaginer ce spectacle d'horreur dans un décor de pompeuse majesté, devant une façade théâtrale, entre deux portiques d'apparat?

Seul, au milieu de l'enceinte immense, un obélisque, accoté de deux fontaines, rappelle que le Cirque de Néron s'étendait tout près de là, sur les dernières pentes du Vatican et du Janicule.

A droite et à gauche de la place, deux portiques se développent en arc de cercle. Une balustrade ornée de statues les surmonte, prenant appui sur quatre files de colonnes doriques, dont le diamètre augmente à mesure que les fûts s'éloignent du centre, de façon à maintenir un rapport invariable entre leur épaisseur et leur espacement. Des galeries rectilignes raccordent les colonnades au frontispice de la basilique. Une harmonie grandiose règne dans toutes les parties de ce vaste ensemble, — le plus vaste qu'on ait créé depuis l'Empire romain. Bernin, qui en est l'auteur, y a prouvé sa maîtrise architecturale, sa prestigieuse habileté, le juste sentiment qu'il avait de la perspective et de la proportion.

La façade, édifiée sous Paul V Borghèse par Maderna, réunit les pires défauts de l'école qui l'a construite. Avec ses lourdes colonnes engagées, avec ses fenêtres de palais, avec son attique sans rapport à l'intérieur du temple, elle est aussi pauvre d'invention que sèche de formes et déplorable de goût. Par surcroît, elle masque la naissance de la coupole et supprime ainsi l'effet d'élancement qui, de loin, fait paraître le dôme si hardi.

Au centre du vestibule est encastrée une haute porte de bronze. Le pape Eugène IV, qui vécut neuf ans exilé à Florence, y admira les fameux reliefs modelés par Ghiberti pour le Baptistère. De retour à Rome, il fit exécuter par Filarète des vantaux du même genre; le travail fut terminé le 26 juin 1445. L'œuvre de Filarète ne ressemble guère à celle qui l'a inspirée. Autant l'une est savante et poétique, autant l'autre est rude et prosaïque. Mais ce qui assigne à la porte de Saint-Pierre un intérêt capital dans l'histoire de l'art et des idées, ce sont les sujets que l'artiste y a reproduits, sous la direction du Pape. A côté de quelques figures pieuses comme le Christ, la Vierge et les Apôtres, Filarète a glorifié la politique d'Eugène IV par des scènes telles que l'inauguration du concile de Ferrare, l'arrivée de l'empereur Jean Paléologue, le couronnement de l'empereur Sigismond, etc. C'est la première fois que la sculpture florentine sort du domaine religieux et s'inspire des faits contemporains. Dans la bordure à larges rinceaux qui encadre la porte, l'artiste a représenté Mars et Vénus, Jupiter et Ganymède, Europe et le taureau, Léda et le cygne, de sorte que les mythes les plus voluptueux du paganisme président à l'accès du plus vénérable des sanctuaires chrétiens. Pour ses débuts, la Renaissance ne manquait pas d'audace.

Lorsqu'on pénètre enfin dans l'église, on demeure quelque temps déconcerté. La cause en est aux innombrables vicissitudes que le monument a subies pendant les cent neuf ans qu'a duré la construction (1).

Depuis Bramante jusqu'à Bernin, treize architectes se sont succédé à la direction des travaux, et plusieurs fois le plan initial a été modifié.

C'est à Bramante que revient l'idée première, formulée dans ce programme : « Je hausserai le Panthéon sur le Temple de la Paix (2) ». A vrai dire, Brunellesco avait déjà résolu, à Florence, le problème d'élever dans les airs une voûte colossale. Mais la gloire de Bramante été dans l'art avec lequel il a relié le dôme aux quatre membres de la nef, de manière à fondre le tout en un seul organisme. Michel-Ange est venu ensuite, qui a donné à la coupole sa beauté de contours, sa justesse de rapports, son

(1) La première pierre a été posée le 18 avril 1506. La croix dorée qui surmonte la lanterne a été placée le 18 novembre 1593. Les travaux ont pris fin le 12 avril 1615.

(2) Par le « Temple de la Paix », Bramante signifiait la Basilique de Constantin, que l'on identifiait alors avec le fameux sanctuaire dédié par Vespasien. Pour le moyen âge et la Renaissance, la *Basilica Constantiniana* était le Latran.

altière et calme ordonnance, on dirait presque sa grandeur morale.

Rien de plus simple que ce dôme gigantesque, dont le sommet atteint à cent seize mètres. Au-dessus des pilastres corinthiens qui ornent le tambour, s'étend un attique orné de guirlandes. De là, seize arcs doubleaux prennent leur essor pour décrire sur le plafond la plus belle courbe ascendante qu'un architecte ait conçue. De grandes figures en mosaïque sur fond d'or s'encadrent dans les pendentifs. A l'extérieur, les arcs s'accusent par de vigoureuses nervures qui rattachent la coupole à ses contreforts.

Michel-Ange, fidèle au programme primitif, avait adopté la croix grecque pour le plan de la basilique. La coupole jouait ainsi le rôle principal dans le monument. Dès le seuil, on la voyait. Les quatre bras égaux de la croix concentraient tout l'effet pittoresque sur leur point de réunion.

Par malheur, au dix-septième siècle, on jugea que le développement pris par le cérémonial catholique exigeait un vaisseau plus vaste et des chapelles plus nombreuses. On trouva mauvais également que la métropole de l'Église latine fût construite sur le plan de la croix grecque, symbole du christianisme oriental. Maderna fut appelé. Il ajouta trois arcades au bras antérieur de la nef, et, du coup, il brisa le rythme architectural de l'édifice. De là cette impression déconcertante, lorsqu'on a franchi la porte du vestibule. La coupole, qui devait être aperçue dès l'abord, n'est plus visible qu'après une assez longue approche. Jusque-là, le regard, ne sachant où se fixer, erre à l'aventure; l'attention s'éparpille au lieu d'être immédiatement saisie et concentrée. Cette réserve faite, Saint-Pierre n'en est pas moins un monument unique par les merveilleux effets de lumière qui s'y produisent, par la distribution harmonieuse et grandiose des masses aériennes qui s'y trouvent captées.

La décoration de la basilique constitue un véritable trésor où, parmi beaucoup d'œuvres ostentatoires et médiocres, il en est de la plus rare valeur.

A cette dernière catégorie appartiennent les motifs architecturaux qu'on doit à Bramante, à San Gallo et à Michel-Ange, par exemple l'architrave et les chapiteaux de la rotonde, les caissons des berceaux, les cartouches des pendentifs. On y reconnaît le meilleur style de la Renaissance, un esprit parfait de mesure et de logique. Le mauvais goût du dix-septième siècle commence à paraître, au contraire, dans la nef de Maderna, où les saillies s'exagèrent, où les chapiteaux s'alourdissent sous l'exubérance de leur parure végétale, où les archivoltes semblent fléchir sous le poids des statues qui les surplombent.

Bernin a composé les deux pièces majeures du mobilier basilical : la chaire de saint Pierre et le tabernacle du maître-autel.

La chaire, que la tradition attribue à l'Apôtre, est un siège de bois grossier, orné d'ivoires byzantins, et qui date de l'époque carlovingienne. Elle est enclavée dans un décor de bronze que soutiennent des Pères de l'Église. On ne peut rien imaginer de plus tourmenté, de plus emphatique et de plus prétentieux que cet ouvrage de parade.

Le tabernacle qui recouvre le tombeau de saint Pierre paraît simple à côté. Quatre colonnes torses, revêtues de lauriers, supportent un baldaquin ondulé, qui dépasse en hauteur le péristyle du Louvre. Trop vanté à l'origine, cet édifice est trop décrié aujourd'hui ; car il est loin d'être sans mérite. S'il manque assurément du caractère religieux que lui imposait sa destination, il faut reconnaître que l'exécution en est parfaite dans le détail et que la ciselure des feuillages, par exemple, est fouillée d'une main aussi délicate que hardie. On ne peut qu'admirer, en outre, la justesse avec laquelle le monument est proportionné aux dimensions générales de l'église. Mais comment plaindre Bernin du discrédit où son œuvre est tombée? Peut-on oublier que, pour la construire, il a commis, de complicité avec Urbain VIII Barberini, le crime d'arracher au Panthéon la superbe charpente de bronze qui soutenait la toiture du portique? *Quod non fecerunt Barbari, fecere Barberini!*

La peinture est presque absente de Saint-Pierre. La *Navicella* de Giotto, qui ornait l'*atrium* de la basilique primitive et qui est encastrée aujourd'hui dans le vestibule, a subi de telles réfections, que le style du grand initiateur florentin ne s'y reconnaît plus. Mais l'idéalisme élevé du maître et sa forte simplicité reparaissent dans un retable qu'enferme la Salle capitulaire de la Sacristie. Là se trouvent également les *Anges musiciens et chanteurs* de Melozzo da Forli, ravissantes figures, expressions inoubliables d'élan juvénile et de voluptueuse beauté.

Par contre, la mosaïque abonde à Saint-Pierre. Dès l'origine, on résolut de n'admettre aucun autre ornement sur les parois. Excellente en principe, cette décision fut appliquée de la manière la plus fausse. Au lieu de conserver à la mosaïque son caractère propre, son rôle uniquement décoratif, on en fit un art d'imitation, rivalisant avec la peinture à l'huile, poursuivant les mêmes effets de perspective et de modelé. De là, toutes ces copies de tableaux appliquées aux murs, et qui semblent si froides, si pauvres sous l'éclat de leur émail.

La plus riche parure de l'église est sa collection de statues, où les styles les plus divers sont représentés.

On y voit même un échantillon de l'art antique : le *Saint Pierre* de bronze, dont les fidèles ont usé le pied à force de le baiser. Quelle date assigner à cette œuvre? — On l'ignore; le troisième siècle, probablement. De quel personnage est-elle l'effigie? — On ne sait non plus. Mais l'accent robuste de la facture, le hiératisme du geste, le sévère ajustement de la draperie impriment à cet icone un caractère impressionnant de sainteté.

Les monuments de l'époque médiévale qui décoraient la basilique primitive sont relégués au long des caveaux qui s'étendent sous le chœur. Là, dans l'ombre et le silence, des sarcophages de structure antique enferment les restes de Grégoire V, d'Adrien IV, de Boniface VIII, d'Urbain IV, d'une foule d'autres encore.

Parmi ces tombes austères, imposantes par leur simplicité même, un rayon de la première Renaissance éclaire soudain quelques débris épars, fragments du sépulcre de Paul II. Mino da Fiesole a sculpté la figure gisante du Pape et un *Jugement dernier*, d'un naturalisme sec; Giovanni Dalmata, collaborateur de Mino, a ciselé deux images allégoriques, l'*Espérance* et la *Foi*, toutes frémissantes d'émotion et délicieusement drapées (1470).

Cet art nouveau, qui de Toscane venait de s'implanter à Rome, s'épanouit au grand jour des nefs supérieures; il y est représenté par deux œuvres caractéristiques d'Antonio Pollajuolo : les tombeaux de Sixte IV et d'Innocent VIII.

C'est en 1483 que le cardinal Julien de la Rovère, plus tard Jules II, fit construire à la mémoire de son oncle le sarcophage qu'on voit aujourd'hui dans la Chapelle du Saint-Sacrement. Rien de plus simple comme architecture : un large coffre de bronze, flanqué de consoles à feuilles d'acanthe et qui pose à terre.

Allongé sur le couvercle, Sixte IV dort, revêtu de ses insignes pontificaux. Il porte la tiare en tête, le fanon autour du cou, le pallium aux épaules, la chasuble relevée sur les bras, l'étole croisée sur sa poitrine. Pas un détail ne manque au costume, ni les houppes du manipule, ni les manchettes des gants, ni les croix des sandales. Dans ce travail minutieux, on reconnaît non seulement le souci d'exactitude habituel à l'artiste florentin, mais encore sa longue pratique de la gravure et de l'orfèvrerie. Le visage est saisissant de vérité anatomique, — un visage décharné, osseux, que les rides sillonnent de plis profonds, où chaque veine, chaque tendon fait saillie sous la peau tannée. Le réalisme toscan se montre là dans son expression la plus savante, mais aussi la plus rude. Vasari nous apprend d'ailleurs que « Pollajuolo connaissait mieux que personne avant lui le jeu des muscles sur la face; car, le premier de tous, il avait osé l'étudier en écorchant des cadavres ». Au point de vue technique, l'œuvre est remarquable. On ne pourrait citer un plus beau modèle de fonte et de patine. Donatello et Verocchio n'ont pas traité le bronze plus magistralement.

Sur les bords du couvercle et dans les cannelures des côtés, le sculpteur a figuré les Vertus théologales et les Arts libéraux. Ce n'est pas sans surprise qu'on voit réapparaître ces allégories, familières au moyen âge, mais que l'art du *quattro cento*, adversaire déclaré de l'abstraction, avait depuis longtemps répudiées. Ces figures, pittoresquement drapées, ont de la grâce, malgré un peu de maniérisme dans l'attitude. Elles décèlent, en tout cas, chez le sculpteur un sentiment exquis du charme féminin. Aucun artiste, à cette époque, n'aurait su traduire avec des nuances si délicates la séduction d'un jeune corps de femme, l'attrait voluptueux d'un sein qui se dévoile, de deux bras nus qui se tendent.

Pollajuolo obéissait-il à une intention particulière, en évoquant les Vertus et les Arts autour du mort? On peut l'affirmer quant aux Arts. Le rôle de Sixte IV dans le mouvement artistique et littéraire de son époque ne fut pas moindre en effet que celui de Nicolas V, de Jules II et de Léon X. Doué de l'intelligence la plus large, il avait compris toute la portée de la Renaissance et il s'en était assimilé tout l'esprit. C'est à son appel que les artistes commencèrent d'affluer à Rome; et ceux qu'il appela se nommaient Pollajuolo, Botticelli, Verocchio, Luca Signorelli, le Pérugin, Pinturicchio, Melozzo da Forli. Quant aux Vertus, on hésite à se prononcer, nul pape n'ayant provoqué des jugements plus contradictoires que Sixte IV. D'après quelques témoignages, il était foncièrement bon, chaste et pieux; il avait conservé sur le trône de saint Pierre l'édifiante pureté de mœurs dont il avait fait preuve, quarante années durant, sous la robe franciscaine. D'après d'autres contemporains, c'était un homme sans pudeur et sans foi, cruel, artificieux, cupide, simoniaque, souillé des vices les plus infâmes, — bref, le prototype d'Alexandre VI. Le procès n'est pas encore jugé. Quelle qu'en doive être l'issue, Sixte IV n'en demeurera pas moins un très grand pape.

On n'en saurait dire autant d'Innocent VIII, dont le tombeau s'élève dans la nef latérale de gauche. Personnage balourd et médiocre, il fut comme écrasé entre le Rovère et le Borgia. Sa seule originalité, d'après un de ses biographes, fut d'être le premier Vicaire du Christ qui n'ait pas craint d'avouer ses bâtards : on lui en attribuait jusqu'à seize.

Pour l'ordonnance du mausolée, Pollajuolo a choisi le type du *sepolcro in aria*, — type éminemment florentin et qui consiste en un sarcophage accroché au mur avec encadrement de statuettes insérées dans des niches. Le sculpteur s'est approprié cette disposition, en plaçant au-dessus de l'effigie tombale une grande statue assise. Innocent VIII nous est, de la sorte, représenté en deux poses différentes, et, chaque fois, avec le même réalisme que Sixte IV. Dans la statue assise, le Pape tient de la main gauche la lance de la Passion, qu'il avait achetée de Bajazet et qui est une des reliques insignes de Saint-Pierre. Les statuettes de femmes qui achèvent la décoration seraient tout à fait charmantes si elles étaient plus calmes, plus naturelles, moins préoccupées d'avoir des attitudes gracieuses et des mouvements expressifs.

La première chapelle du bas-côté de droite enferme la *Pietà* de Michel-Ange.

L'artiste florentin n'avait que vingt-trois ans lorsqu'il entreprit, au mois d'août 1498, l'exécution de ce groupe. Il était à l'une des heures les plus sombres de sa vie. Un grand deuil venait de le frapper au cœur : son maître et ami, Savonarole, était mort quelques semaines auparavant sur le bûcher. De là, sans doute, l'accent si ému de son œuvre.

La Vierge est représentée assise au Calvaire et soutenant sur ses genoux le corps de son fils. Par une sorte de miracle, elle est demeurée idéalement jeune et belle malgré les ans. Mais une gravité sainte se lit sur son visage. Et sa douleur est la plus noble qu'on puisse voir, une douleur pieuse, méditative et contenue, comme celles que nous montrent les stèles funéraires antiques.

Le Christ, abandonné dans les bras de sa mère, est d'une majesté suprême. Contrairement aux formules de l'art religieux, aucune flétrissure, aucun signe de corruption n'apparaissent sur ce corps qui a tant souffert. La vie n'est pas détruite; elle n'est que suspendue. Un dieu seul pouvait mourir ainsi.

Quant à la technique, elle témoigne d'une maîtrise extraordinaire, surtout si l'on songe aux œuvres analogues du quinzième siècle finissant. Les poses ont une ampleur et une liberté dont la sculpture avait perdu le secret. Buonarroti lui-même, par la suite, n'a rien modelé de plus souple que le torse du Christ. La figure de la Vierge est un morceau exquis, par le travail délicat et nuancé du marbre, par l'heureuse distribution des lumières et des ombres. Les draperies, profondément évidées, accusent déjà les beaux effets de clair-obscur que Michel-Ange reproduira plus tard avec prédilection. Enfin, nul autre artiste, vers l'an 1498, n'aurait su composer un groupe si habilement agencé quant aux lignes, si parfaitement équilibré quant aux masses.

L'évolution esthétique dont la *Pietà* est le point de départ atteint, pour ainsi dire, son terme dans les deux monuments qui décorent l'abside : le tombeau de Paul III, par Guglielmo della Porta, et le tombeau d'Urbain VIII, par Bernin.

C'est en 1550, une année après la mort de Paul III, que Guglielmo della Porta se mit à l'ouvrage, sur l'ordre du cardinal Alexandre Farnèse, neveu du défunt.

L'effigie du Pape, exécutée en bronze, domine sa sépulture. Assis, la tête nue, le manteau et le pallium aux épaules, il lève la main droite pour la bénédiction. L'œuvre est superbe de vigueur et de vérité, toute conforme d'ailleurs aux principes de style que Michel-Ange venait de faire prévaloir.

Au pied du sarcophage, deux statues de marbre, symbolisant la *Prudence* et la *Justice,* s'allongent dans une pose accoudée, où il est facile de reconnaître un souvenir, sinon un emprunt, de la Chapelle des Médicis. La *Prudence* est une matrone de tournure imposante, qui se regarde en un miroir et tient un livre d'une main. Par l'expression du visage, par l'ajustement du voile, elle fait penser aux fameuses *Parques* du Palais Pitti. La *Justice*, au contraire, est radieuse de jeunesse. La beauté la plus désirable resplendit dans ce corps élégant, souple et robuste. La tête respire une grande fierté. La chevelure, aux ondulations refouillées, offre la disposition chère à l'école de Lysippe. Le torse était nu, primitivement. Mais, en 1595, le cardinal Edoardo Farnèse, choqué dans sa pudeur, obligea Teodoro della Porta, fils de Guglielmo, à jeter sur la gorge et les flancs l'affreuse chemise de bronze qu'on y voit aujourd'hui. Malgré cet appendice, le jeu des lignes se reconstitue sans peine. Et, s'il y a quelque maniérisme dans l'attitude contrastée des épaules et des jambes, l'œuvre n'en est pas moins excellente (1).

D'après la tradition, cette statue est le portrait de Julie Farnèse, la sœur de Paul III, la célèbre Giulia la Bella, qui passait pour la plus voluptueuse créature de son temps, et qui fut la maîtresse en titre d'Alexandre VI, la « fiancée du Christ », comme on la surnommait au Vatican. Ce n'est là qu'une légende. A l'époque

(1) Le plan primitif du sépulcre comportait deux autres statues, l'*Abondance* et la *Charité*, qui sont actuellement au Palais Farnèse.

d'austérité religieuse où le tombeau fut construit, les Farnèse n'avaient certes nul souci de rappeler par quelles voies singulières la fortune leur était venue sous le règne du Borgia; ils n'auraient donc pas toléré que Guglielmo della Porta commémorât, aux pieds mêmes de Paul III, le scandale de leur entrée dans l'histoire. Mais il y a une objection plus décisive encore. Comment l'artiste aurait-il pu imprimer à la forme féminine des accents si vifs, si savoureux, en prenant pour modèle une femme morte depuis trente années et dont la beauté florissait plus d'un demi-siècle auparavant?

Le tombeau d'Urbain VIII rappelle également, quoique de moins près, les mausolées de San-Lorenzo.

Les meilleures qualités de Bernin s'y trouvent réunies, et ses insupportables défauts ne s'y étalent pas trop.

Le Pape est représenté en costume d'apparat, trônant au-dessus de son mausolée. La physionomie manque de caractère; mais les lignes générales de la statue sont belles, et le personnage exprime assez bien la grandeur pompeuse qui fut celle de la cour romaine au dix-septième siècle. Le plus grave reproche qu'on puisse adresser à l'œuvre est la prédominance de l'effet pittoresque sur l'effet plastique. Toute l'attention de l'artiste semble s'être concentrée sur la draperie. Pollajuolo n'a pas détaillé avec plus d'exactitude et de minutie le vêtement pontifical de Sixte IV. Mais où le sculpteur du *quattro cento* ne voyait qu'un élément de vérité, Bernin n'a vu qu'un prétexte à virtuosité. Chaque étoffe, linge, dentelle, soie, satin, brocart, est reproduite de la façon la plus distincte, avec son apprêt, son lustre, sa couleur même. La sculpture picturale ne saurait aller plus loin.

Au bas du monument, deux figures allégoriques, la *Justice* et la *Charité*, s'appuient contre le sarcophage. Nulle vie en elles. C'est de l'art d'atelier, de l'art froid et convenu. Là encore se manifeste l'abus des draperies à lourdes masses flottantes, qui dénotent assurément une prestigieuse adresse dans la manœuvre du ciseau, mais aussi une impardonnable défaillance du goût. Le coffre sépulcral mérite qu'on l'étudie pour la beauté de ses galbes et pour la perfection de son travail. Enfin, il est curieux de constater la présence de la Mort, au centre du monument. Depuis le moyen âge, c'est la première fois que le spectre macabre apparaît sur une tombe. La Renaissance, passionnément éprise de la vie, l'avait exclu de son architecture funèbre.

Applaudi de cette innovation, Bernin l'a reproduite dans le mausolée d'Alexandre VII, où un squelette, sortant d'une draperie, se dresse devant le Pape, comme pour lui notifier son heure dernière. Désormais, et pendant plus d'un siècle, la Mort grimaçante gesticulera sur tous les sépulcres, et chaque jour l'intention mélodramatique y dominera davantage.

C'est à Canova que revient le mérite de la réaction. Le mausolée de Clément XIII (1795) contraste absolument, par la sagesse de son ordonnance architecturale, avec les formes rompues et immodérées de l'école précédente. La statue de la *Religion* qui se tient debout contre le sarcophage accuse un parti pris de simplicité classique. Mais, sous prétexte de noblesse, la pose est rigide, la draperie empesée, l'expression éteinte. Le *Génie de la mort,* visiblement inspiré de l'*Apollon du Belvédère,* est d'une grâce toute conventionnelle. Et l'ensemble du monument dégage l'ennuyeuse froideur propre au style de Canova. Les beaux temps de la sculpture italienne sont finis pour jamais.

LE VATICAN

I. — L'ORATOIRE DE NICOLAS V

L'aube de la Renaissance. — Fra Angelico et Benozzo Gozzoli.

Après la pompe théâtrale de Saint-Pierre, l'Oratoire de Nicolas V au Vatican offre un repos délicieux. De tous les sanctuaires de Rome, c'est le plus calme, le plus intime, le plus mystique. Il n'a rien de sombre pourtant. Loin de là : il n'est que lumière et gaîté, mais une très douce lumière, une très pure gaîté. Dans l'atmosphère morale qu'on respire ici, on croit reconnaître le parfum de ces deux âmes exquises : Nicolas V, qui a fait construire la chapelle, et Fra Angelico, qui l'a décorée.

Nicolas V (1447-1455) est le premier protecteur que la Renaissance se soit acquis sur le trône pontifical. Doué de l'esprit le plus curieux et du goût le plus fin, il suivait avec une attention passionnée le mouvement de son époque. Par sa munificence éclairée, il fut le type accompli du mécène italien. Mais le libéralisme intellectuel s'alliait, chez lui, à toutes les délicatesses du sentiment religieux. En un temps de corruption générale, il eut des mœurs saintes. Et, dans sa candeur charmante, il croyait que la Renaissance pouvait rester fidèle à l'idéal chrétien.

Quel artiste était mieux fait que l'Angelico, pour comprendre un tel pape? Le peintre dominicain se mit à l'ouvrage en 1449. Il atteignait alors sa soixante-troisième année. Mais, par une sorte de miracle, il avait gardé toute la fraîcheur, toute l'ingénuité de son inspiration.

Sur deux rangs de fresques, il a représenté les *Actes de saint Étienne et de saint Laurent*.

La peinture religieuse compte peu d'œuvres aussi parfaites que la *Prédication de saint Étienne*. Quel recueillement, quelle noblesse, quelle émotion persuasive dans cette page! Quel admirable groupe que celui des femmes assises qui écoutent en priant! Et qu'ils sont beaux, ces hommes graves qui discutent, au fond de la scène! Auditeurs et auditrices, tous acquiescent aux paroles de vérité qui frappent leurs oreilles. Mais quelle finesse d'observation dans la manière différente dont la foi les pénètre! Tandis que la raison intervient chez les hommes, c'est le sentiment seul qui est affecté chez les femmes.

Les autres tableaux, parmi lesquels il faut citer l'*Ordination de saint Laurent* et la *Distribution des aumônes,* abondent de même en figures attachantes, en expressions de douceur, d'enthousiasme et de piété.

Comparées à l'œuvre florentine du Beato, par exemple aux fresques de Saint-Marc, ces peintures dénotent une exécution singulièrement plus large et plus ferme. Faut-il reconnaître, dans cet agrandissement du style, l'habituel effet du séjour romain, l'action fortifiante des modèles classiques? N'y faut-il pas voir plutôt l'influence du jeune peintre que Fra Angelico s'était donné pour collaborateur, Benozzo Gozzoli? La question est difficile à résoudre.

Mais ce qui appartient assurément à Gozzoli, c'est l'accent de réalisme qu'on remarque dans le détail, ce sont les traits de nature pris sur le vif. Ainsi, dans la *Prédication de saint Étienne,* la femme qui saisit son enfant par le bras pour le faire tenir tranquille, et, dans la *Distribution des aumônes,* l'aveugle qui s'approche, d'un pas indécis, une main tendue en avant pour se garer des obstacles, l'autre main tâtant le sol avec un bâton.

Ce qu'on doit encore à Gozzoli, c'est l'encadrement architectural des sujets. Dans les œuvres antérieures de Fra Angelico, on chercherait vainement ces portiques, ces colonnades, ces niches à pilastres, et ces perspectives d'édifices. Le merveilleux décorateur de San-Gemignano et du Campo-Santo pisan a pu seul les inventer.

II. — LES APPARTEMENTS BORGIA

Les fresques de Pinturicchio. — Alexandre VI, César et Lucrèce Borgia; Julie Farnèse.

La lutte pour l'existence n'est pas restreinte au monde animé; elle se poursuit jusque dans le domaine idéal de l'esthétique. Témoin le combat incessant qui se livre entre l'architecture et la décoration. Tantôt c'est la première qui s'impose en maîtresse, et, soucieuse uniquement de ses effets propres, s'arrogeant tous les droits, elle réduit l'ornemaniste à s'accommoder, comme il pourra, des surfaces qu'elle daigne lui abandonner. D'autres fois, au contraire, c'est le décor qui l'emporte : il écrase alors les formes constructives, il brise les rythmes architecturaux, il usurpe tout; on dirait qu'il se croit l'édifice même. Très rarement, une raison supérieure discipline ces deux ambitions rivales, contient chacune dans son rôle, et fait ainsi de l'œuvre entière un organisme homogène et harmonieux.

Les Appartements Borgia enregistrent une des plus insolentes victoires que la décoration ait remportées : parois, plafonds, voûtes, arêtes, frises, chambranles, piliers, elle a tout envahi. Et, pour mieux affirmer le caractère ornemental de ses peintures, elle y a prodigué les reliefs de stuc et d'or.

Alexandre VI confia ce travail à Pinturicchio, dans les premiers jours qui suivirent son élection (11 août 1492). L'élève du Pérugin se mit à l'ouvrage immédiatement. Deux ans plus tard, le Pape occupait sa nouvelle demeure. La rapidité avec laquelle l'entreprise fut conduite suffirait à prouver que le maître ombrien s'était associé de nombreux collaborateurs. Mais s'il n'a exécuté de sa main qu'une partie de la tâche, le mérite de la composition générale revient à lui seul.

La première salle, dite Salle des Pontifes, était la pièce officielle de l'appartement, la chambre des audiences. L'œuvre de Pinturicchio n'y apparaît plus, ses fresques ayant été remplacées, sous Léon X, par l'œuvre médiocre de deux élèves de Raphaël, Perino del Vaga et Jean d'Udine.

Mais, dans les salles suivantes, rien n'est changé depuis le temps d'Alexandre VI, et le souvenir des Borgia y est encore tout vivant. C'est là que le pape simoniaque et luxurieux a régné onze ans, et c'est là qu'il est mort, délaissé de tous, abandonné aux soins de quelques valets qui le jetèrent au cercueil en crachant dessus; c'est là que Lucrèce a vu expirer son second mari, poignardé par les *bravi* de son frère; c'est là que Julie Farnèse, *la sposa del Cristo,* enflammait le désir du vieux pontife par l'éclat de sa chevelure fauve; c'est là enfin que César, l'énigmatique et fascinant César, a poursuivi jusqu'au paroxysme ses rêves de grandeur, de puissance et de haine.

Dans les cinq pièces qui suivent la salle des audiences, Pinturicchio a prodigué les trésors de son imagination pittoresque. Les sujets qu'il a traités sont inspirés, pour la plupart, de l'Évangile ou de la vie des saints : l'*Adoration des Mages*, la *Résurrection du Christ*, le *Martyre de saint Sébastien,* la *Mort de sainte Barbe*, la *Dispute de sainte Catherine,* etc. A côté des scènes pieuses, le peintre a développé des thèmes mythologiques, *Junon et Io, Isis et Osiris;* ou bien il a représenté les *Sept arts libéraux* sous des traits féminins. Et, pour encadrer ces compositions, il a jeté sur les arcs et les frises une éblouissante parure d'oves, d'entrelacs, de fleurs, de fruits, d'oiseaux, d'hydres, de sphinx, entre lesquels se répètent, à satiété, les armes des Borgia. Tout le talent de Pinturicchio se définit dans ces fresques : peu de style, un dessin inégal, un modelé presque nul, une ordonnance souvent défectueuse, et quant à l'expression, aucun idéalisme, aucune poésie; mais un coloris éclatant, une exécution très élégante, un don merveilleux de narrateur, une science magistrale de l'effet décoratif.

Au point de vue historique, ces peintures sont particulièrement intéressantes; car elles sont remplies de portraits. Toute la cour pontificale semble avoir posé devant le peintre pour la *Dispute de sainte Catherine*. On a cru longtemps que le personnage principal du tableau, l'empereur Maxime, représentait César Borgia. Cette désignation n'est pas admissible. La figure de l'Empereur accuse vingt ans, au moins. Or César atteignait à peine sa dix-septième année quand la fresque fut peinte. Il convient plutôt de voir dans cette image le fils aîné du Pape,

Juan, duc de Gandie, né en 1474, et que son cadet fera bientôt égorger.

Sainte Catherine, la vierge au regard ingénu, aux longues boucles dénouées, qui discute avec l'Empereur en comptant les arguments sur ses doigts, c'est Lucrèce : elle a quinze ans et vient d'épouser Giovanni Sforza, ce jeune homme svelte, à manteau rouge, qui chevauche, à droite, dans le fond du tableau. Et telle sans doute elle était dans la sève première de sa nubilité, la fille des Borgia, l'étrange créature que la légende romanesque a défigurée au point d'en faire une Messaline ou une Théodora, quand elle fut, au contraire, la plus passive, la plus molle des femmes. Une inconscience suprême lui permit d'assister souriante et gaie à d'effroyables drames. Ce qu'on remarquait le plus en elle, c'était *l'allegrezza e la grazia.* Pour servir la politique de sa famille, elle fut mariée trois fois ; on la divorça de son premier époux ; on lui tua le second : elle les aima tous les trois, d'une affection tranquille et vraie. Si elle fut galante, elle le fut non par vice, mais parce qu'elle ne savait pas se refuser. S'abandonna-t-elle jusqu'à l'inceste ? Il paraît indéniable que « l'infant romain », né pendant son veuvage et qu'elle garda toujours auprès d'elle, était son fils. De qui l'avait-elle eu? De son père ou de son frère? On ignore. Et ils semblent ne l'avoir su exactement ni l'un ni l'autre. Par une bulle en date du 1er septembre 1501, le Pape a, en effet, légitimé le bâtard adultérin comme issu de César. Mais, par une seconde bulle en date du même jour, il s'est contredit; et, désavouant sa première signature, il a déclaré l'enfant issu de lui : *non de præfato Duce, sed de Nobis*. Résolve qui pourra cette énigme de paternité.

Pinturicchio a entouré sainte Catherine de personnages vêtus à l'orientale. L'un, ce prince qui porte un ample manteau de pourpre pâle et qui se tient au premier plan, tout près du trône, est André Paléologue, Despote de Morée. S'il semble mélancolique, il a quelque raison de l'être; car la mort de l'empereur Constantin XIII, son oncle, lui a fait perdre la couronne de Byzance. L'autre, ce fier Osmanli à haut turban qui monte un cheval barbe, c'est Djem, le frère du sultan Bajazet, qu'Alexandre VI retient comme otage à Rome et dont César est le compagnon inséparable. Point de fêtes sans le captif. Il s'y montre avec force pages, heiduques et musiciens, admiré de tous pour la somptueuse étrangeté de ses costumes et de ses caparaçons. Il participe même aux cérémonies religieuses. A la procession solennelle du 5 mai 1493, on le voit marcher à la droite du Saint-Père; et, pour lui faire pendant, son jeune ami, le cardinal de Valence, s'est habillé en Turc. Mais, à deux années de là, pendant une négociation difficile entre le Pape et le Sultan, l'infortuné Djem mourut en quelques heures, « après avoir bu ou mangé, dit le chapelain Burckardt, des choses que son estomac ne supportait pas bien ».

Vasari affirme que Pinturicchio avait représenté, dans les Appartements Borgia, le Pape à genoux devant la Sainte Vierge, figurée sous les traits de Julie Farnèse. L'écrivain a probablement fait confusion avec un panneau exécuté par le même peintre pour le cardinal Francesco Borgia, cousin du pontife, et qui est au Musée de Valence; car l'unique Madone des chambres vaticanes, en qui l'on puisse discerner Giulia la Bella, occupe seule le tableau avec l'enfant Jésus; elle est placée dans la salle de la *Dispute*, au-dessus de la porte d'accès. L'œuvre est remarquable de facture et d'expression : elle a tout l'accent individuel d'un portrait. Pinturicchio a été rarement mieux inspiré que par ce pur ovale, par ce beau regard voluptueux, par ces fines lèvres où flotte l'ironie. Un voile hiératique recouvre à demi la célèbre chevelure d'or, dont l'ambassadeur de Florence fut comme ébloui un matin qu'il entrait chez la favorite : « Elle déroula ses cheveux ; ils tombaient jusqu'à ses pieds. Je n'ai jamais rien vu de comparable. Elle semblait vraiment un soleil. » *Nulla di simile vidi mai. Pareva davvero un sole!* Quant à l'inconvenance d'avoir pris, pour modèle de la Vierge, une femme aussi dépravée que la blonde fille des Farnèse, il ne faut pas trop en vouloir à Pinturicchio. L'usage était courant d'introduire, dans les sujets sacrés, des personnes que leur genre de vie n'appelait nullement à cet honneur. C'est ainsi que les Madones lombardes de Léonard nous offrent presque toujours les traits de Cecilia Gallerani, la maîtresse de Ludovic le More, ou de Caterina di San Celso, la courtisane poétesse et danseuse qui charma Louis XII.

Enfin, voici le Pape lui-même. Agenouillé, couvert du manteau pontifical, la tiare posée à terre, il adore le Christ qui s'élève du tombeau. La figure est d'un réalisme saisissant, d'une haute valeur expressive. Tout le moral de l'homme s'y reflète. La piété se lit d'abord dans son attitude comme dans ses traits. Et il fut

14

pieux, en effet, sincèrement pieux, avec une particulière dévotion à la Madone. Ferme dans sa croyance, il ne s'égara jamais hors des voies catholiques, et la pureté de la doctrine eut toujours en lui un gardien vigilant. Mais les sens avaient sur cet homme une prise terrible : et cela aussi se voit à sa robuste carrure, à son cou de taureau, à son nez large, à sa bouche saillante, à son pouce developpé. Cependant l'impétuosité de ses désirs ne le rendait pas méchant : il n'eut rien d'un Tibère ou d'un Héliogabale. Jusque dans la débauche, il gardait une bonne grâce imposante, une sorte d'élégance majestueuse et courtoise, d'où lui venait une grande séduction. La conscience n'était qu'à demi éteinte dans son âme. Il connut ses turpitudes comme telles, et il les détesta. Ses remords toutefois duraient peu. Une belle fille, un festin délicat, un brillant carrousel, il n'en fallait pas davantage pour le rétablir en paix et en joie. Ses colères, immédiates, véhémentes, étaient courtes; le flux des injures le soulageait vite. Hors les fièvres de la chair, il n'eut d'autre passion que la grandeur temporelle de sa famille. L'envoyé de Venise, Paolo Capello, nous le dépeint, vers la soixante-dixième année, en quelques traits justes : « Le Pape rajeunit quotidiennement. Ses plus cruels soucis ne se prolongent guère au delà d'une nuit. On le voit toujours allègre. Une seule pensée inspire ses actes : la prospérité de ses enfants. D'autre chose il n'a cure. » Somme toute, il ne fut ni plus égoïste ni plus pervers que la plupart des princes de son temps et même que beaucoup de ses prédécesseurs au trône de saint Pierre. Sa mémoire ne serait donc pas plus exécrable que tant d'autres s'il n'avait eu pour fils ce monstre aux instincts de carnassier, à l'orgueil infernal, à la volonté froide et toujours tendue, ce virtuose de l'astuce et de l'audace : César.

III. — LA CHAPELLE SIXTINE

Michel-Ange.

Un vaste plafond rectangulaire dont les bords s'infléchissent en voussure ; des surfaces toutes nues, sans un relief, sans un profil, sans un retrait ; la plus pauvre des ordonnances monumentales, voilà ce que Michel-Ange eut devant lui, au mois de mai 1508, lorsqu'il dressa son échafaudage dans la Chapelle Sixtine.

Avant d'illustrer ces parois inertes, il les a comme animées de la vie architectonique en y traçant, par le pinceau, des compartiments, des moulures, des arcs, des pilastres, des frises, des archivoltes, des consoles, tout un appareil décoratif.

La partie centrale du plafond représente les grandes scènes de la Genèse, et d'abord la *Création du monde*. Du fond de l'éther infini, Jéhovah s'élève, dans un vol sublime. Autour de lui, rien n'existe. Le *Fiat lux* n'est pas encore prononcé. Mais, au rayonnement de l'être divin, les ténèbres se dissolvent déjà.

Dans la fresque suivante, Dieu réapparaît, planant sur l'abîme. Son front, vaste comme celui de Zeus Olympien, se plisse. Par un geste ample et concis comme un verset biblique, son bras se tend. Et, soudain la lumière brille, le chaos s'ordonne, le monde est formé. L'acte matériel de la création est à peine indiqué. Ce qui remplit le tableau, c'est l'intelligence et la volonté agissantes de Dieu. L'invisible nous est ainsi rendu apparent; l'inconcevable nous devient compréhensible; le plus transcendant des mystères nous est expliqué. Jamais l'art n'avait encore atteint cette puissance de synthèse et d'évocation. Devant de pareilles œuvres, on ne peut que se taire, en se rappelant cette belle parole d'un ancien :

« Le plus haut privilège des mortels est de pouvoir imaginer les dieux. »

Non moins grandiose est le troisième panneau. L'Éternel, penché sur l'univers, y répand à pleines mains le flot de ses bénédictions. La genèse du monde s'achève par cette pensée d'amour.

Voici maintenant la *Création de l'homme*. Du haut des cieux, Jéhovah, entouré d'un essaim d'anges, descend vers la terre. A son approche, Adam s'éveille. Demi-couché, il étend le bras vers le Tout-Puissant qui, du doigt, lui communique l'étincelle vitale. Et ce simple dispositif, — éloquent trait de génie, — nous montre l'homme recevant, avec la vie, un peu du souffle divin. Dans le premier ancêtre de l'humanité, Michel-Ange a réalisé le type idéal de la race. La statuaire grecque n'a pas conçu un corps plus mâle, plus noble, plus harmonieux; l'*Ilissus* et le *Dionysos* du Parthénon n'incarnent pas une beauté plus simple ni plus forte. Mais ce qu'un artiste moderne pouvait seul inventer, c'est le regard de ces yeux qui s'ouvrent sur le monde. Grands yeux mélancoliques et profonds qui semblent prévoir tout le drame à venir, toutes les douleurs des générations futures, toute la misère de vivre!

La *Création de la femme* occupe le tableau voisin. Adam sommeille, dans la fatigue qui suit les enfantements ; car Dieu vient de faire sortir Ève de lui. Fraîche et robuste, les flancs larges, les membres souples, ses longs cheveux déroulés sur le dos, elle se courbe vers le Créateur et l'adore en joignant les mains. A la différence de l'homme, elle est toute joyeuse d'avoir reçu la vie. Un émoi tendre flotte dans son regard et fait d'elle une fleur inimitable de jeunesse et de grâce. Dans l'œuvre entier de Michel-Ange, cette figure est unique par la pureté des contours, par le rythme des lignes, par la délicatesse du modelé, par la suavité du coloris. Le grand magicien de la peinture, Léonard de Vinci, a seul égalé cette maîtrise d'exécution.

Après la Genèse, le *Péché originel* et l'*Expiation*. Un seul compartiment réunit les deux épisodes. Au pied de l'arbre funeste, Ève joue le rôle principal. Elle n'est déjà plus la femme des premiers jours. Son corps, épanoui, se complaît aux poses languissantes. Un charme sensuel lui est venu. Elle est maintenant, et par excellence, la créature de désir et de perdition, la séductrice à qui l'homme désormais ne résistera plus. Quand la faute est commise et que le couple s'éloigne du Paradis, Adam porte sa douleur avec énergie. Ève, qui le suit d'un pas tremblant, ne sait que pleurer.

La décoration du plafond se termine par trois panneaux représentant le *Sacrifice de Caïn,* le *Déluge* et l'*Ivresse de Noé.* D'un style inférieur à celui des fresques précédentes, ce triptyque ne laisse pas d'être superbe encore. Michel-Ange y a déployé une science magistrale de l'effet dramatique. Toute l'horreur d'une destruction universelle plane sur le *Déluge*. Et tel épisode, comme celui des nageurs qui se disputent une barque, est une vision d'épouvante qu'on n'oublie pas.

Un même genre d'émotion se dégage des tableaux qui ornent les écoinçons. Le *Supplice d'Aman* est une agonie de héros; la grandeur tranquille de la *Mort de Goliath* n'a d'égale que la simplicité atroce du *Meurtre d'Holopherne,* et tout un peuple hurle de souffrance sous l'étreinte du *Serpent d'airain*.

Quand Michel-Ange eut fini ces vastes compositions, il n'en était guère qu'à la moitié de sa tâche. Il rêvait encore les *Précurseurs du Christ,* les *Prophètes,* les *Sibylles* et cette multitude de figures accessoires qui anime tous les recoins de la voûte.

Sans les cartouches des tympans, on aurait peine à reconnaître la généalogie du Rédempteur dans les panneaux qui surmontent les fenêtres. Ce ne sont guère, en effet, que des tableaux de genre, dont le sujet est emprunté à la vie intime des humbles. Presque toutes les scènes comportent trois personnages, — l'homme, l'épouse et l'enfant, de sorte qu'on peut y voir comme des représentations anticipées de la Sainte Famille. Quelques-unes de ces fresques, trop peu étudiées en général, ont une beauté de lignes et de sentiment qui suffirait à la gloire d'un peintre. Michel-Ange a prouvé là qu'il possédait toutes les ressources de son art, qu'il pouvait exceller dans la douceur et la grâce aussi bien que dans la grandeur et la force.

La première impression, lorsqu'on regarde les *Prophètes,* c'est qu'ils dépassent l'humaine réalité, c'est qu'ils viennent d'un monde supraterrestre et inconnu. A les considérer mieux, on s'aperçoit que, pour nous être infiniment supérieurs, ils ne sont pas moins de notre race. La nature n'a sans doute jamais produit de pareils corps et de pareilles âmes; mais elle aurait pu les produire; car il lui suffisait de porter à leur plus haute puissance les qualités physiques et morales dont elle a doué l'être humain.

A étudier de plus près encore ces majestueuses figures, on éprouve quelque surprise de leur titre. Ce qui caractérise éminemment le prophète, c'est la révélation reçue. Porte-parole de la prescience divine, il n'est pas l'auteur des oracles qu'il prononce; son rôle unique est de les transmettre. Nulle création intellectuelle ne s'opère donc en lui. Tout au plus peut-il se réjouir ou s'épouvanter des apocalypses qui tombent de sa bouche. Les *Prophètes* de la Sixtine personnifient, au contraire, et de la façon la plus frappante, le travail original de la pensée. Raisonnement, calcul, méditation, analyse, toutes les formes de l'activité spéculative se retrouvent dans leurs attitudes et leurs physionomies. Est-ce l'esprit de Dieu qui soulève *Daniel* d'un si vif enthousiasme? Non. Et l'arrangement de ses livres le prouve. Ce dont il exulte, c'est d'apercevoir, dans une compulsion de textes, la grande vérité qu'il poursuivait. A quels signes reconnaîtrions-nous *Joël* pour un voyant? Ne représente-t-il pas plutôt l'observateur froid, patient et méthodique, le cerveau calme et lucide en qui les lois du monde se réfléchissent comme en un miroir? *Jérémie*, ce colosse qu'une douleur muette écrase, n'a rien non plus d'un illuminé; c'est un logicien et un patriote, à qui la philosophie de l'histoire a démontré que son pays court à l'abîme et ne s'arrêtera plus; sa désespérance n'est que trop consciente et délibérée. Enfin, ce n'est pas pour répondre à l'appel d'une voix d'en haut qu'*Ézéchiel* se retourne, d'un élan si impétueux; c'est visiblement pour riposter, par une objection terrible, à un contradicteur qui a osé l'interrompre. Chez tous, l'activité cérébrale est dépeinte en sa plénitude et à l'instant décisif. Un seul titre convient donc à ces figures souveraines : le génie concevant son idéal, élaborant son œuvre, atteignant son objet.

Les *Sibylles* sont plus conformes au caractère de leur fonction sacrée. Une seule fait exception : la vieille *Cuméenne* qui se brûle les yeux à déchiffrer un feuillet obscur. Mais celle-là est moins une prêtresse qu'une magicienne; elle est servante d'Hécate et non d'Apollon; les sorcières de Macbeth descendront d'elle. Les autres ont manifestement reçu l'inspiration divine. Ce n'est pas de Jehovah, d'ailleurs, qu'elles l'ont reçue. La légende nous l'affirme, et Michel-Ange a pris soin de nous le rappeler. Par l'expression de leur visage, par l'ajustement de leurs draperies, elles sont toutes païennes. Et comment ne pas voir des filles d'Hellas ou d'Ionie dans ces belles devineresses, dans cette *Érythréenne* si fière, si élégante, si chaste; dans cette *Lybienne* demi-nue, qui se tord si magnifiquement sur ses hanches; dans cette *Delphique* ardente et nerveuse, dont le regard fatal nous assure que c'est vraiment un dieu qui la possède et l'épuise?

Après une telle profusion de richesses décoratives, Michel-Ange n'avait pas dit encore son dernier mot. Il lui restait à évoquer tout un monde, cette foule d'adolescents qui, sous la forme de supports et de cariatides, encadrent les multiples compartiments de la voûte. Depuis les jours antiques, depuis le siècle de Praxitèle et de Scopas, on n'avait rien vu d'égal à ces éphèbes, en qui la vie rayonne de tout son éclat. Sveltes, agiles, robustes, incomparables de désinvolture et de hardiesse, on ne se lasse pas de les admirer. Par une sorte de paradoxe esthétique, ils empruntent à deux arts différents le secret de leur beauté. Sont-ce des fresques ou des marbres? On hésite par instant. La peinture seule pouvait leur donner cette fraîcheur d'épiderme. Mais quelle autre main que celle d'un sculpteur pouvait leur imprimer cet accent plastique?

Et maintenant l'œuvre est achevée, le cycle est parcouru. Si l'on essaie de résumer les impressions que l'on a ressenties sous cette fameuse voûte, le seul mot qu'on trouve est celui de grandeur. Mais c'est une grandeur comme l'histoire de l'art en a connu peu d'exemples, une grandeur qui atteint au sublime sans effort, une grandeur toute spontanée, toute naturelle et que l'artiste semble avoir réalisée en se jouant.

Quel contraste, si l'on se tourne vers la haute paroi où, vingt-deux ans plus tard, Michel-Ange, reprenant le pinceau, a figuré le *Jugement dernier!*

Certes, s'il est un sujet qui dût convenir au peintre de la *Genèse* et des *Prophètes,* c'est le *Dies iræ,* c'est la comparution suprême des âmes devant le tribunal de Dieu. L'idée morale qui pénètre tout le christianisme illumine, en effet, l'épilogue terrible du drame humain. Or, au temps de la Renaissance, peu d'hommes furent plus sincèrement idéalistes que Michel-Ange. Lecteur assidu de la Bible, fervent admirateur de Dante et de Pétrarque, disciple zélé de Marsile Ficin, sectateur enthousiaste de Savonarole, mystique amant de Vittoria Colonna, il associait à une foi très pure et très vive un culte passionné des doctrines platoniciennes. Chacune de ses œuvres témoigne d'une préoccupation religieuse ou intellectuelle; chacune porte l'empreinte d'une pensée profonde; chacune exprime une douleur, une inquiétude, un espoir, une aspiration, une révolte, bref une idée. Nul artiste n'était donc plus apte que lui à traiter un sujet où l'âme seule est en cause.

Et cependant, sur la fresque immense, on ne voit que des corps, — trois cents corps athlétiques et nus, s'élevant au ciel ou précipités aux régions infernales, avec les gestes les plus violents, les poses les plus tourmentées, les raccourcis les plus audacieux. Dans la scène du dernier jour, le peintre semble n'avoir vu qu'un thème pour déployer sa science prestigieuse de la perspective et de l'anatomie, un prétexte pour montrer toutes les formes que la structure des os et le jeu des muscles peuvent donner à la personne humaine dans toutes les attitudes possibles. Émerveillé de ce spectacle, Delacroix disait : « Le *Jugement dernier,* c'est la fête de la chair. » Le mot est juste; mais on a le droit de s'étonner que l'artiste ait choisi cette occasion de célébrer une apothéose charnelle.

De là, pour l'œuvre, une certaine monotonie, que la patine enfumée de la fresque rend plus sensible encore. Le Christ et les Apôtres, les anges et les démons, les martyrs et les patriarches, les élus et les réprouvés sont tous de race herculéenne; tous se ressemblent par l'excès et l'ostentation de leur puissance physique. En vain, chercherait-on parmi eux ces fines expressions de beauté spirituelle, de délicatesse morale, de béatitude mystique, où l'art religieux du *quattro cento* excellait. Le Sauveur lui-même, que Michel-Ange a représenté imberbe, contrairement à la tradition sacrée, est sans noblesse : son front bas, sa mâchoire proéminente, sa poitrine robuste, ses muscles saillants lui donnent l'aspect d'un lutteur olympique. Et les Apôtres, qui l'entourent, se démènent, se renversent, se tendent comme des gymnastes. Partout on sent la recherche de la prouesse technique, l'attrait de la difficulté à vaincre. La science a presque tué le poète et le penseur chez l'artiste. Aussi cette colossale peinture est-elle impuissante à nous émouvoir et à nous persuader. Mais une qualité l'élève bien au-dessus de nos critiques, la qualité qui, en art, prime tout : le style. Michel-Ange ne nous demande pas notre admiration; il la force, il la prend. Devant ces groupes superbes, inspirés de l'*Apocalypse* et de l'*Enfer* dantesque, un instant vient où le spectateur ne raisonne plus : il est subjugué. Comment n'être pas saisi par l'essor prodigieux des anges qui emportent au ciel la croix du Calvaire et la colonne de la Flagellation? par la stupeur des morts que la trompette réveille et qui secouent leurs linceuls? par l'épouvante des damnés qu'un démon chasse, à coups de rame, de la barque infernale? Fut-il jamais style plus ferme, plus altier, plus imposant? Quand elle n'aurait d'autre mérite, l'œuvre serait encore unique au monde.

Sur les murs latéraux de la Chapelle, les maîtres toscans et ombriens du quinzième siècle, Ghirlandajo, Botticelli, Pinturicchio, Cosimo Rosselli, le Pérugin, Luca Signorelli, ont représenté les scènes classiques de la Bible.

Lorsqu'on vient de s'arracher à l'étreinte de Michel-Ange, c'est un repos délicieux de contempler ces fresques. Sincérité de l'inspiration, fantaisie de l'invention pittoresque, alliance parfaite de la grâce et de la noblesse, joie tranquille d'exprimer la vie et de découvrir la beauté, voilà ce qui nous apparaît surtout dans ces peintures charmantes où la Renaissance nous livre sa fleur première.

IV. — LES CHAMBRES, LES LOGES ET LA PINACOTHÈQUE

Raphaël.

Quand Jules II eut ceint la tiare, l'idée d'habiter les appartements souillés par le Borgia lui fit horreur. Comme son chapelain lui suggérait de faire enlever l'image et les armes d'Alexandre VI peintes sur les murs, il répondit que le « souvenir scélérat » de son prédécesseur n'en continuerait pas moins à infecter les murailles. Il transféra donc sa résidence au premier étage du palais, dans la partie du Vatican où Nicolas V avait demeuré jadis.

Peu après, Raphaël, âgé de vingt-cinq ans, arriva de Florence à Rome. Quelques esquisses du jeune peintre montrées au Pape le transportèrent d'une telle admiration qu'il lui confia sur l'heure la tâche de décorer le nouvel appartement pontifical.

Un obstacle s'élevait cependant : Luca Signorelli, le Pérugin, Bramantino, le Sodoma et Peruzzi avaient déjà commencé à embellir les *Stanze nuove*. Mais Jules II impitoyable fit abattre leurs fresques. Le Sanzio se mit à l'œuvre immédiatement (1508); le travail fut achevé en 1517.

La première des salles qu'il décora est la Chambre de la Signature, ainsi appelée du nom du tribunal ecclésiastique la *Segnatura di grazia,* qui d'occasion y tenait audience.

Quatre médaillons allégoriques représentant la *Théologie,* la *Philosophie,* le *Droit* et la *Poésie,* sont peints sur la voûte, pour servir d'épigraphe aux grands tableaux des parois verticales. Des sujets empruntés à la Bible ou à la mythologie ornent les écoinçons.

Couronnée de lauriers comme la Béatrice du Dante, la *Théologie* désigne de la main droite la *Dispute du Saint-Sacrement* dont la scène se développe au-dessous d'elle.

Pour l'ordonnance de cette page célèbre, Raphaël semble s'être inspiré des mosaïques majestueuses qu'il avait pu voir dans les absides basilicales de Rome. Au sommet de la fresque, Dieu, tenant d'une main le globe du monde, rayonne d'un éclat surnaturel parmi des chœurs d'anges et de séraphins, frères de ceux que Dante évoque au *Paradis :*

> Le facce tutte avean di fiamma viva,
> E l'ali d'oro, e l'altro tanto bianco
> Che nulla neve a quel termine arriva.

« Ils avaient la face de flamme vive, les ailes d'or, et le reste d'une telle blancheur que la neige n'y pourrait atteindre, etc. »

Plus bas, Jésus trône dans un disque étincelant. La Vierge et le Précurseur s'inclinent à ses côtés, au-dessus d'un hémicycle de nuages où sont groupés Adam, Moïse, David, saint Pierre, saint Paul, saint Jean, saint Étienne, saint Laurent, etc., c'est-à-dire les principaux témoins de l'ancienne et de la nouvelle Loi, les plus illustres prophètes et patriarches, les chefs des Apôtres et les premiers martyrs (1). Plus bas encore, le Saint-Esprit, sous la forme d'une colombe, descend vers un autel que surmonte un ostensoir. Et cette chute radieuse établit comme un lien mystique entre la scène supérieure qui se déroule au ciel et la scène inférieure qui a pour théâtre la terre. Là, autour de l'autel, un concile auguste est réuni. Tous les grands papes et docteurs y siègent : saint Jérôme et saint Augustin, saint Ambroise et

(1) Au point de vue dogmatique, il est curieux de remarquer la place que la Vierge occupe dans la fresque. A quelque haut degré de vénération que la Mère du Sauveur fût déjà parvenue en 1508, elle n'est pas rangée parmi les personnes divines ; elle siège en dehors de l'axe vertical. Elle n'a d'autre privilège que d'approcher immédiatement son Fils. Encore partage-t-elle cette prérogative avec saint Jean-Baptiste. Une telle ordonnance eût fait scandale, trente ans plus tard.

saint Bonaventure, saint Bernard et saint Thomas d'Aquin, saint Grégoire et Innocent III, et Dante aussi, *theologus Dantes,* et même Savonarole, brûlé comme hérétique par l'ordre du Borgia, mais dont Jules II vient de réhabiliter la mémoire, et d'autres personnages encore, tous absorbés dans la prière, la lecture, la controverse ou la méditation. Toutes les formes de la pensée religieuse y sont exprimées, depuis la foi aveugle jusqu'au dogmatisme réfléchi, depuis l'extase ardente jusqu'à la froide conviction.

Si Raphaël s'en était tenu là, il n'aurait guère dépassé la conception qu'un artiste du moyen âge aurait pu se faire du même sujet. Mais il a, pour ainsi dire, marqué la date de son œuvre en y introduisant l'image de deux sentiments, où la Renaissance s'est complu : l'indifférentisme et le doute. C'est là ce que personnifient ces philosophes, beaux comme des païens, qui pérorent avec des gestes si éloquents, aux deux extrémités de la fresque. Par eux, la signification du tableau s'achève. Nous y reconnaissons toutes les attitudes que l'âme humaine peut prendre dans ses rapports avec Dieu.

En face de l'œuvre mystique, l'œuvre profane : *l'École d'Athènes.*

Les personnages se meuvent dans un temple haut et vaste qui est la nouvelle basilique de Saint-Pierre, non pas telle qu'on la voit aujourd'hui, mais telle que Bramante l'avait conçue. Tous les sages de l'antiquité sont là faisant cortège aux deux maîtres du génie grec, Platon et Aristote.

De même que la *Dispute du Saint Sacrement* nous montrait la pensée religieuse concevant le dogme, *l'École d'Athènes* nous offre le tableau de la pensée spéculative créant la science. Chaque branche du savoir humain, la philosophie, la grammaire, la géométrie, la physiquc, l'astronomie, etc., est représentée, non pas sous la forme d'allégories comme eût fait le *quattro cento,* mais sous les traits du penseur ou du savant à qui elle doit ses plus beaux fruits. En outre, par un prodige de synthèse et d'intuition, chaque personnage est mis en scène avec une attitude, un costume, une physionomie conformes aux idées dont il fut l'interprète, de sorte que chacun d'eux nous apparaît comme l'image vivante et concise de sa doctrine. De là, cette animation qui nous frappe, au premier aspect de la fresque.

Platon et Aristote occupent le centre de l'aréopage. L'auteur du *Timée* est un majestueux vieillard inspiré qui, d'un geste ascendant, rappelle à son interlocuteur que le ciel est la patrie des idées. Plus jeune, le philosophe de Stagyre semble affirmer, de sa main tournée vers la terre, que toute morale et toute science ont pour fondement la réalité.

Autour d'eux, Socrate, au masque de faune, disserte avec Alcibiade, merveilleux d'élégance dans son costume guerrier. Un bel adolescent, demi-vêtu et les cheveux flottants, accourt vers le groupe où il sait que l'on tient d'immortels propos; et le désir d'apprendre, l'ardeur de savoir lui donnent des ailes.

Plus bas, au premier plan, l'inventeur des lois harmoniques, Pythagore, inscrit sa découverte sur un livre. Si expressive est la structure de son crâne, si puissante est la contention de sa physionomie, que nous croyons assister au travail même de son intelligence créatrice. Penché au-dessus de lui, Averroès s'initie avec un intérêt passionné aux vérités nouvelles, ingénieuse image de tout ce que la philosophie arabe doit à la philosophie grecque. Parmi les autres disciples qui entourent le maître de Samos, Raphaël a introduit un personnage contemporain qui n'a d'autre motif d'être là que sa juvénile et patricienne beauté, Francesco-Maria de la Rovère, duc d'Urbin. Vers le centre de la fresque, Héraclite accoudé sur un piédestal s'abstrait dans un rêve sombre. A quelques pas, Diogène étale au soleil ses haillons et son orgueil.

Dans la partie droite du tableau, le groupe d'Épicure fait pendant à celui de Socrate. Le philosophe de la volupté, adulte encore et le regard fleuri, descend de l'estrade, tandis qu'un éphèbe, de la plus noble tournure, lui montre avec indignation le Cynique vautré sur les marches. Derrière, assis contre un pilier, en équilibre sur une jambe, un autre adepte, plein de zèle, s'empresse de noter quelque aphorisme du maître sur les moyens de fuir la douleur ou de réaliser le souverain bien.

Et, pour finir, voici le plus beau des groupes. Les sciences positives y sont personnifiées dans Archimède, à qui le Sanzio a donné les traits de son protecteur Bramante. Incliné vers le sol, l'illustre géomètre démontre avec le compas une figure isogonique. Euclide et Ptolémée, debout, conversent du problème avec deux auditeurs en qui l'on reconnaît le Pérugin et Raphaël lui-même. Cependant, quatre élèves penchés sur l'ardoise écoutent l'explication du théorème. Leurs figures, leurs gestes, leurs poses traduisent de la façon la plus précise et la plus pittoresque leur inégale aptitude à saisir la pensée du professeur. L'un, à genoux, crispé d'attention, cherche à comprendre; le deuxième entrevoit la solution; le troisième est sur le point de la tenir; le dernier exulte d'avoir compris.

Tel est ce chef-d'œuvre, véritable épopée de la science, synthèse glorieuse des conquêtes dont l'esprit humain s'est enrichi à travers les siècles.

La décoration de la troisième paroi est plus simple et moins animée, quoique d'un très haut style encore. Elle symbolise le *Droit* avec ses auxiliaires la *Prudence,* la *Force* et la *Modération.* Ces dernières figures sont parmi les plus belles que le Sanzio ait tracées. On ne saurait concevoir des contours plus précis et plus libres; des silhouettes plus nobles, des draperies plus élégamment ajustées. Le dessin de Raphaël y apparaît dans sa perfection suprême.

Les peintures des compartiments inférieurs ont pour sujet l'*Empereur Justinien publiant les Pandectes* et le *Pape Grégoire IX promulguant les Décrétales,* c'est-à-dire les deux actes instaurateurs de la législation civile et canonique.

Dans la personne de Grégoire IX, Raphaël a représenté Jules II. Accablé par l'âge et la maladie, courbé sous le poids de sa tiare et de son manteau, le pontife semble avoir posé devant le peintre à l'heure tragique où la fortune l'abandonnait de toute part, où chaque courrier lui apprenait un malheur, où ses adversaires poussaient l'audace jusqu'à le citer devant un concile général pour que l'Église y fût réformée dans son chef. Les cardinaux qui entourent Jules II sont aussi des portraits. On y reconnaît deux futurs papes, Jean de Médicis, qui sera Léon X, et Alexandre Farnèse, qui sera Paul III.

Le tableau du *Parnasse* couvre la dernière paroi. Assis au bord de l'Hippocrène, à l'ombre d'un bois de lauriers, Apollon préside avec les Muses à l'alliance de la poésie antique et de la poésie moderne. Homère, Pindare, Anacréon, Corinne, Sapho (sous les traits de la courtisane Imperia), Virgile, Horace, Tibulle, Dante, Pétrarque, l'Arioste, etc., échangent des propos mélodieux. Une flamme douce brille dans le regard des hommes; une vague langueur attendrit les yeux des femmes. Une atmosphère élyséenne enveloppe la colline sacrée. La musique seule pourrait traduire l'impression que fait naître cette idéale vision, ce rêve d'un monde supérieur où n'habitent que des êtres divins. Gluck a exprimé cela dans certaines phrases d'*Orphée*.

La fresque principale de la *Stanza* voisine met en scène *Héliodore chassé du Temple de Jérusalem*. Trois messagers célestes, dont l'un chevauche un étalon magnifique, fondent sur le profanateur avec une impétuosité foudroyante. Effaré, celui-ci roule à terre, près de l'urne emplie d'or qu'il venait d'enlever. Si rapide est la vengeance divine, que le grand prêtre Onias, prosterné devant le tabernacle, achève à peine d'invoquer le secours d'en haut. A l'autre extrémité du sanctuaire, le peuple est saisi de stupeur et d'effroi. Un mouvement prodigieux anime cette partie du tableau. Jamais Raphaël n'avait encore atteint à cette puissance dramatique, à cette intensité d'expression. Les flagellateurs divins qui terrassent Héliodore éveillent l'idée d'un irrésistible élan. Et, dans le groupe des fidèles stupéfaits, la jeune femme cambrée qui pousse un cri de terreur en ouvrant les bras est aussi frappante de vérité morale que de beauté plastique.

Par une sorte de licence pittoresque, le pape Jules II a pris place dans le Temple de Jérusalem. Élevé sur la *sedia gestatoria*, vêtu de l'aube et du camail, il contemple les effets de la protection que Dieu accorde à son peuple. Ce n'est plus le pontife accablé qu'on a vu dans la salle précédente; c'est le Rovère impérieux et triomphant qui vient de jeter à ses adversaires en déroute le cri célèbre : *Fuori i Barbari!* et dont Machiavel écrit : « Autrefois, nul baron n'était trop petit pour insulter le Saint-Père; aujourd'hui, le roi de France n'est plus assez grand pour ne pas le respecter. »

Comment s'éloigner de cette fresque magnifique, sans rappeler que le même sujet a tenté Delacroix, et que l'*Héliodore* de la Chapelle des Saints-Anges à Saint-Sulpice ne le cède pas à son rival des *Stanze* pour la fougue, la puissance et l'éclat ?

L'anachronisme reparaît dans le *Miracle de Bolsène,* puisque le prodige de l'hostie sanglante s'est accompli en 1263, et que Jules II y assiste néanmoins. De toutes les images qui nous restent du *Pontefice terribile,* nulle n'est plus éloquente. A genoux, tête haute, mains jointes, superbe d'énergie et de majesté, il darde un regard menaçant sur le prêtre incrédule qui célèbre la messe. Au pied de l'autel, cinq gardes suisses, visages rudes et flegmatiques, vraies figures tudesques, font un vif contraste avec la foule italienne qui s'exclame et s'agite, à l'angle opposé du tableau.

Au point de vue technique, le *Miracle de Bolsène* et l'*Héliodore* marquent, dans le talent de Raphaël, un progrès imprévu. Les fresques de la première Chambre étaient peintes d'après les procédés naïfs et timides de l'école ombrienne, c'est-à-dire avec des couleurs uniformément claires et mates, avec des teintes faibles sinon fades, où les gris brunâtres et violacés abondaient. Dans la seconde Chambre, le coloris devient subitement vigoureux et fondu; la touche s'élargit; les tons acquièrent de la chaleur, de la résonance et de l'éclat. Il a suffi au Sanzio d'apercevoir quelques toiles du Vénitien Sebastiano del Piombo pour que cette brusque transformation s'accomplisse.

Le 20 février 1513, Jules II mourait. Un mois plus tard, Léon X était couronné à Saint-Pierre, et pour inaugurer son règne il expulsait d'Italie les armées de Louis XII. La fresque de *Saint Léon et Attila* commémore cet événement historique.

Le flot de l'invasion a débordé jusqu'aux approches de Rome. Une bataille se livre sous les murs mêmes de la Ville Éternelle. A cheval, en tête d'une charge furieuse, le roi des Huns, s'arrête soudain, terrifié qu'il est d'apercevoir, dans le ciel, deux Apôtres qui le menacent du glaive. En face des Barbares s'avance un cortège ecclésiastique dont le personnage principal porte la tiare et monte une lourde haquenée. C'est le pape Léon Ier, sous les traits du Médicis. Fort de l'esprit de Dieu, il répand autour de lui la confiance et le calme. A l'arrière-plan tout n'est que ruine, incendie, massacre, — image trop fidèle du spectacle que le nord de la péninsule offrait depuis dix ans, et dont le sac de Brescia fut l'effroyable épilogue. Cette fresque peut être comparée à celle d'*Héliodore* pour la puissance de l'effet dramatique. L'œuvre est remarquable, en outre, par l'éclat du coloris, par la hardiesse et la fermeté du dessin.

Une allusion historique se cache encore sous le thème développé dans le dernier tableau. Jean de Médicis, ayant été fait prisonnier des Français à Ravenne, avait réussi comme par miracle à s'échapper. Devenu pape l'an d'après, il voulut perpétuer le souvenir de cette évasion, où il avait senti sur lui la main de Dieu. De là, le sujet désigné au Sanzio : la *Délivrance de saint Pierre*.

La composition est divisée en trois épisodes successifs. L'Apôtre, enchaîné dans sa prison, est délivré par un ange; puis il descend l'escalier de la geôle en se frayant un passage au milieu des gardes endormis; enfin les soldats s'éveillent, stupéfaits et consternés. A chacune de ces divisions correspond un éclairage différent, produit tour à tour par l'irradiation surnaturelle de l'ange, par la clarté de la lune, par la lueur des torches. C'était la première fois que Raphaël s'attaquait au problème du clair-obscur; c'était la première fois aussi qu'un artiste cherchait à exprimer le drame par la lumière. Pour son coup d'essai, le Sanzio a créé un chef-d'œuvre. Un siècle d'avance, il annonce Rembrandt.

La décoration murale s'achève par les peintures de la voûte. Quatre sujets bibliques s'encadrent entre de larges bandes où Bramantino et Balthazar Peruzzi ont représenté des scènes de triomphe païen. Si séduisante que soit leur œuvre, elle ne résiste pas au contact des fresques voisines, dont l'une, l'*Éternel apparaissant à Noé,* mérite d'être citée comme l'une des plus belles créations du Sanzio, pour la noblesse du style et l'ampleur de l'exécution.

Dans la Chambre dernière, l'*Incendie du*

Borgo est la seule peinture qu'ait exécutée Raphaël; les autres sont l'œuvre hâtive de ses disciples.

L'ordonnance du tableau se ressent du surcroît de travail que le maître avait assumé à cette époque. Les épisodes sont mal liés; l'intérêt se disperse et s'attarde sur chacun d'eux. On n'y retrouve pas non plus ces ingénieuses « lignes de rappel » qui, dans les fresques précédentes, assuraient l'unité d'impression, en ramenant toujours le regard au point décisif. Il est aisé en outre de reconnaître que Raphaël a voulu se mesurer avec Michel-Ange, sous le rapport de la science anatomique. La plupart de ses figures ne sont que des académies, d'ailleurs superbes. Tel est le jeune homme qui escalade un mur et qui nous montre, dans son élan, un si parfait exemplaire de la machine humaine. Telles sont pareillement les femmes qui accourent en portant des urnes et qu'on devine si harmonieuses de formes, si fières de galbe, sous leurs draperies secouées par l'ouragan.

Les fresques des Loges couronnent l'œuvre décorative de Raphaël au Vatican. Ces belles galeries, dont le plan est dû à Bramante, étaient jadis ouvertes sur la Cour de Saint-Damase; il a fallu les vitrer, depuis, afin de protéger les peintures contre les intempéries du climat romain.

Treize arcades se succèdent, voûtées en coupole. Chaque dôme est orné de scènes bibliques, d'où l'appellation habituelle : *la Bible du Sanzio.*

A vrai dire, l'empreinte du maître n'apparaît que dans les premières travées. Plus on avance sous les arcs, et plus elle s'affaiblit. Vers la fin même, on ne la reconnaît plus. On n'a devant soi que l'œuvre des élèves, Jules Romain, Francesco Penni et Perino del Vaga. Mais dans les parties où Raphaël a tenu le pinceau, quelle idéale beauté! Que ces figures sont poétiques! Que ces corps sont naturels et libres! Chaque groupe est un modèle d'ordonnance, chaque personnage un modèle d'arrangement. Attitude, geste, draperie, coiffure, les moindres détails sont expressifs; un accord parfait unit la forme et la pensée. Quant aux paysages qui encadrent les scènes, on ne saurait trop en admirer la sobre grandeur, le lyrisme simple et majestueux. Tout l'art du Poussin est sorti de ces nobles compositions.

Au premier regard, les tableaux des Loges évoquent le souvenir de la Sixtine. L'image sous laquelle le Sanzio a représenté Jéhovah procède, en effet, du type créé par Michel-Ange. Mais l'influence du Buonarroti s'arrête là. Loin de ressembler aux fresques de la Chapelle pontificale, celles des portiques de Saint-Damase font ressortir, au contraire, les différences de nature qui séparaient les deux artistes. De la Bible, Michel-Ange n'a voulu voir que les épisodes sombres et tragiques, les suites du péché originel, les éclats de la colère divine, les terreurs du *Dies iræ*, tandis que Raphaël s'est appliqué avec une prédilection visible à reproduire les scènes patriarcales et idylliques du texte sacré, *Abraham et Melchissédec*, *Isaac et Rebecca*, *Jacob et Rachel*, *Moïse trouvé sur les eaux*, etc. Par la fraîcheur et l'ingénuité du sentiment, cette vision du monde biblique rappellerait plutôt l'œuvre de certains primitifs, par exemple celle de Benozzo Gozzoli au Campo-Santo de Pise.

L'effet décoratif des voûtes est complété par les ornements de couleur et de stuc qui recouvrent les pilastres, les bandeaux et les embrasures de la galerie.

Pour ce travail, Raphaël s'est inspiré des

peintures et des reliefs qu'on venait de découvrir dans les Thermes de Titus, peut-être aussi des rinceaux qui se déroulent sur les mosaïques de Sainte-Marie-Majeure et de Saint-Clément. Mais il a fait de ces éléments un emploi si original qu'il les a comme inventés à nouveau. Prenant pour point de départ le dessin de l'arabesque antique, il l'a diversifié à l'infini par l'introduction d'innombrables motifs, tels que fleurs, fruits, guirlandes, figurines, quadrupèdes, oiseaux, tritons, dauphins, centaures, harpies, scènes mythologiques, tableaux de genre, etc., etc. Et ces milliers de sujets alternent, s'entre-mêlent, s'équilibrent avec la symétrie la plus capricieuse. Une exécution très habile, due à Giovanni da Udine, contribue à faire de cet ensemble une merveille de fantaisie et de goût.

Si vaste que soit l'œuvre des Chambres et des Loges, le génie du Sanzio la dépasse encore. Deux tableaux de la Pinacothèque vaticane nous le montrent, en effet, s'élevant par une voie nouvelle aux plus hautes cimes de l'art religieux : la *Vierge de Foligno* et la *Transfiguration*.

Après les Madones modestes et naïves de la période florentine, la *Vierge de Foligno*, peinte à Rome en 1511, inaugure la série des Madones glorieuses dont la *Vierge de saint Sixte* sera le type sublime. Jusqu'alors, le peintre s'était plu à évoquer Marie et son fils dans un riant paysage, sur un gazon émaillé de fleurs ou dans un logis familier. Désormais, la scène est transportée au ciel. Trônant sur les nuages au milieu d'un chœur de séraphins, la Vierge soutient de la main gauche l'Enfant Jésus, qu'elle enveloppe de son manteau. Une clarté divine émane d'elle et rejaillit sur le donateur, Sigismondo Conti, agenouillé entre saint Jean-Baptiste, saint Jérôme et saint François. De visage et de corps, elle rappelle les madones antérieures. Et, de même que pour celles-ci, on reconnaît, à la sûreté des contours, que Raphaël se l'est figurée nue, s'il ne l'a même dessinée telle, avant de la peindre et de la draper. Mais, par l'expression morale, elle éclipse toutes ses devancières; car nulle d'entre elles n'a ces grands yeux tristes qui s'ouvrent sur l'infini, et ce merveilleux front où rayonnent l'intelligence, la mansuétude et la majesté. Les madones précédentes n'étaient que des jeunes mères adorables, qui se contentaient d'être parfaitement belles et chastes. Un symbole auguste s'incarne dans la *Vierge de Foligno.* Sous des traits vagues encore, elle représente ce que la *Vierge de saint Sixte* manifestera bientôt d'une façon éclatante : le Principe féminin coopérant à l'œuvre de rédemption, l'Ève nouvelle qui a conçu le Christ, la Femme qui sauve le monde après l'avoir perdu.

La *Transfiguration* est la dernière œuvre du Sanzio; il y travaillait encore quand la mort le surprit (6 avril 1520).

Interprète scrupuleux de l'Évangile, Raphaël a réuni deux scènes dans le même tableau. Par-dessus le Thabor, Jésus s'élève au ciel, dans un foyer de lumière. Moïse et Élie planent à ses côtés, cependant que trois Apôtres, demeurés sur le sommet, se prosternent devant l'apparition miraculeuse, dont ils ne peuvent soutenir l'éclat. Au pied de la montagne, les autres disciples s'empressent autour d'un enfant possédé que son père leur amène, en les suppliant de le guérir. Là, tout n'est que mouvement, passion, tumulte. Et le contraste avec la partie supérieure de la composition est fort pittoresque. Mais les deux épisodes sont mal liés. En outre, l'exagération mélodramatique de certains gestes et quelques duretés dans le coloris témoignent trop évidemment que Jules Romain s'est chargé de finir le travail, après la disparition du maître.

L'image du Christ n'en fait pas moins de la *Transfiguration* une des œuvres capitales de l'art religieux. Jusqu'à ce jour, la peinture avait reculé devant la vision du Thabor. Représenter un corps diaphane et radieux, un corps « resplendissant comme le soleil », *resplenduit facies ejus sicut sol*, le problème était réputé insoluble. A Saint-Apollinaire de Ravenne, un mosaïste du sixième siècle avait tourné l'obstacle en faisant apparaître entre Moïse et Élie une croix scintillante dans un ciel constellé. Depuis lors, on n'avait plus traité le sujet. Le Christ de Raphaël semble vraiment dégagé de la matière, affranchi de la substance. Nulle entrave terrestre ne le retient plus. Il s'élève dans les airs comme une forme éthérée. L'expression du divin n'a jamais été poussée plus loin. Dans le vaste domaine de l'art, on ne trouverait que trois figures de Jésus qui égalent, en sublimité, celle de la *Transfiguration* : le Christ du Vinci, dans la *Cène* de Sainte-Marie-des-Grâces; le Christ du Titien, dans le *Denier de Judas;* le Christ de Rembrandt, dans les *Pèlerins d'Emmaüs*.

Et si l'on jette maintenant un regard en arrière, si l'on essaie de résumer les impressions ressenties devant cette longue suite de chefs-d'œuvre qui débute à la Chambre de la Signature pour s'achever à la Pinacothèque, on demeure ébloui de tous les dons et de toute la science qui forment le génie du Sanzio.

Pour le dessin, Raphaël compte peu d'égaux et ne le cède à personne. Les contours de ses figures unissent à la plus irréprochable précision une grâce, une noblesse et une suavité dont il a seul connu le secret. Si, par tempérament, il préférait les attitudes calmes et contenues, il a imprimé à certaines silhouettes la plus fière tournure, l'accent le plus vif et le plus hardi. Enfin nul n'a pratiqué mieux que lui la grande façon de draper, l'art de souligner, par le costume, l'élégance d'une pose ou l'ardeur d'un geste.

Dans la science de la composition, il a été plus qu'un maître : un initiateur. A l'équilibre symétrique des écoles primitives, il a substitué l'ordonnance harmonique. Les masses ne restent plus inertes de chaque côté du tableau : elles se distribuent, s'enchaînent, se pondèrent selon une sorte de rythme qui les anime comme les phrases musicales d'une symphonie.

Mais c'est dans l'expression morale que le Sanzio excelle surtout. Nul ne l'a surpassé pour l'éloquence des formes; nul n'a su mieux traduire les mouvements de l'âme par des couleurs et des lignes. Et, comme il possédait, au plus haut degré, le don de l'analyse, ou plutôt de l'intuition psychologique, quelques-uns de ses personnages sont des prodiges de vérité intime.

Quant au sentiment de la beauté, c'est le fond même de son génie; ses premières œuvres en portent la marque prestigieuse. Il semble n'avoir pu concevoir une forme qui ne fût belle. Jamais le monde n'a entretenu un si constant mirage dans des yeux humains. La laideur et la vulgarité, que les grands artistes se sont parfois complu à reproduire, lui sont demeurées toujours étrangères, comme s'il ne les voyait pas. Les caricatures qui remplissent les cahiers du Vinci n'auraient pu naître sous sa plume.

Que dire encore de sa faculté d'invention, de cette extraordinaire aptitude à imaginer des types, des mouvements, des physionomies, des groupes, à passer sans transition du profane au sacré, de l'antique au moderne, à s'élancer vers l'idéal par tant de voies, à produire sans relâche, à se renouveler sans cesse, et cela sans effort, sans fatigue, par une sorte d'instinct heureux?

Mais comment définir ce génie fait d'intelligence et de sympathie, d'enthousiasme et de mesure, de puissance et de délicatesse, de sensualisme et de chasteté?

On reproche souvent à Raphaël de n'avoir été qu'un médiocre coloriste et d'avoir interrogé la nature d'une façon trop superficielle. Coloriste, il le fut magistralement, au contraire : le *Miracle de Bolsène* suffirait à l'établir. Mais il le fut en subordonnant toujours l'effet de la couleur à l'expression de l'idée ou du sentiment, et non comme les Vénitiens qui recherchaient avant tout la volupté des yeux. Enfin, s'il est exact que le Sanzio n'ait pas éprouvé, devant le mystère des choses, la curiosité inquiète et ardente du Vinci, faut-il en être surpris? Et comment n'aperçoit-on pas qu'une telle inquiétude était nécessairement incompatible avec l'idéal que l'artiste portait en lui, avec la spontanéité qui fait le charme inimitable de ses conceptions, avec la fleur d'insouciance et de tendresse dont il aimait parer les créatures de ses rêves? Le jugement qu'a prononcé Vasari reste encore le plus vrai de tous : « Si l'on veut savoir à quel point le ciel peut se montrer parfois libéral en accumulant sur un seul homme les infinies richesses de ses trésors et toutes ces grâces merveilleuses qu'il disperse d'habitude, en un long espace de temps, sur un grand nombre d'individus, on doit contempler Raphaël Sanzio. »

V. — LES GALERIES DE SCULPTURE

Il ne faut pas chercher ici les profondes impressions que l'on rapporte des musées d'Athènes ou du British Museum. Aucune des œuvres accumulées dans ces galeries ne touche au sublime. Aucune d'entre elles ne réalise non plus la simple et forte beauté, la sereine grandeur, la suprême aisance, dont l'école attique du cinquième siècle a marqué ses créations. D'abord, le Vatican est pauvre en statues originales. Et les plus anciennes qu'il possède ne sont pas antérieures à la période hellénistique. Les autres ne sont que la reproduction des modèles classiques.

Sauf un petit nombre de connaisseurs, les Romains apportaient plus de vanité que de goût dans leur passion pour les marbres grecs. Ils n'attachaient qu'un intérêt secondaire à l'authenticité. Une collection n'était glorieuse pour son possesseur que si l'on y voyait les noms de Polyclète, de Scopas, de Praxitèle, de Lysippe, gravés sur les socles. Des répliques suffisaient à justifier l'inscription.

Or, si habile que fût le copiste, il ne pouvait communiquer au marbre la fraîcheur et la liberté de l'inspiration première, ce caractère spontané qui dénonce les œuvres originales et qui ne se définit pas. Souvent le praticien ne se contentait pas de traduire son modèle; il l'interprétait. De là, ce style équivoque, où le goût romain se trahit par des surcharges, par des lourdeurs, quand ce n'est par de l'emphase ou du maniérisme. Il faut tenir compte enfin des restaurations modernes, qui ont dénaturé tant de statues. Le seizième et le dix-septième siècles ont exercé, à cet égard, une action néfaste. Le mal a été d'autant plus grave que la réfection a porté presque toujours sur les parties les plus expressives, sur le visage et les mains. Le dix-huitième siècle est venu ensuite, qui a éprouvé le besoin de repolir les marbres, de les rendre unis et luisants. A ce travail, le modelé a perdu sa fleur d'épiderme, ses accents les plus vifs, ses caresses les plus délicates.

Néanmoins, il n'est pas de musée au monde

où l'on mesure mieux l'importance de la statuaire antique dans l'histoire de l'art.

Sous ce rapport, le *Torse* du Belvédère est particulièrement significatif. L'œuvre appartient à l'école néo-attique, c'est-à-dire à ce groupe de sculpteurs grecs qui, vers la fin de la République, achevèrent d'implanter l'hellénisme à Rome, en y transférant leurs ateliers. Ils manquaient d'imagination créatrice; ils étaient incapables d'inventer un type, une attitude, un rythme. Mais c'étaient de merveilleux techniciens. La statue dont ce torse faisait partie représentait Hercule assis. La pose infléchie et contournée du thorax semble indiquer que le héros tenait de la main gauche une cithare appuyée sur son genou et dont il s'accompagnait pour chanter ses exploits. Par là s'expliquerait aussi la palpitation de vie intérieure, le souffle enthousiaste qui gonfle la poitrine. Le modelé atteste une science magistrale de l'anatomie et une virtuosité suprême dans la pratique du ciseau. Pour animer ce corps puissant, pour nous faire sentir la force prodigieuse de ces épaules, de ces reins, de ces cuisses, de toute cette musculature capable de broyer un lion, l'artiste a usé d'autant de finesse que de vigueur. Apollonios, à qui l'on doit ce superbe morceau, n'en avait probablement pas imaginé le motif; il s'était sans doute approprié un des nombreux types d'Hêraklès, créés par le glorieux maître du naturalisme grec, Lysippe. Mais quel que fût le modèle, la beauté du travail plastique n'en pouvait être supérieure. On sait, d'autre part, l'admiration que Michel-Ange professait pour le *Torse* et comme on en retrouve l'influence dans son réalisme énergique, dans son goût des poses violentes et des formes outrées.

C'est encore à Lysippe qu'il faut attribuer le type de « l'Athlète au strigile », l'*Apoxyomenos*. Du premier coup d'œil, on y reconnaît les proportions chères au maître de Sicyone : la tête petite, les membres allongés, la recherche de l'élégance et de la sveltesse. L'être physique se montre là dans son développement le plus harmonieux, la beauté virile sous sa forme la plus parfaite. C'est une joie d'imaginer l'allure, les gestes, les élans de ce corps souple et vigoureux, entraîné dans tous ses membres, éduqué à toutes les gymnastiques. Le mouvement des bras et la pose de la jambe droite déterminent un des plus séduisants jeux de lignes que l'art ait conçus. L'exécution des chairs est admirable de fermeté, avec des nuances et des demi-teintes exquises. L'œuvre s'achève très heureusement par l'expression de la figure. Cet athlète n'est pas un lutteur à gages, une brute de combat, comme seront plus tard les gladiateurs romains; c'est un homme libre en qui les exercices de la palestre n'ont détruit ni l'intelligence ni la fierté.

Pour avoir été trop exalté jadis, le groupe du *Laocoon* est jugé trop sévèrement aujourd'hui. On ne veut plus voir que ses défauts, qui sont d'ailleurs parmi les plus désagréables qu'on puisse reprocher à une œuvre d'art : le manque de sincérité, le sentimentalisme théâtral, la recherche des expressions émouvantes et des contrastes pathétiques. Mais que de qualités encore! L'ordonnance du groupe, l'agencement des lignes, la distribution des masses défient toute critique. Chacun des trois personnages est un chef-d'œuvre d'anatomie; la science de la musculature ne saurait aller plus loin. Enfin quelle jouissance pour l'œil de suivre les contours pleins, précis et moelleux des nus!

L'œuvre est un produit de cette brillante école de Rhodes qui, fondée peu après la mort d'Alexandre, rivalisa durant plus d'un siècle avec les écoles d'Asie. La figure principale du *Laocoon* rappelle d'assez près le Titan de Pergame, qui se débat contre le serpent Erichthonios. Même attitude, même visage, même expression. De ces deux œuvres, laquelle a précédé l'autre? On l'ignore. Si toutefois l'on considère que la facture du *Laocoon* est plus minutieuse, que l'analyse anatomique y est poussée plus loin, et, surtout, que la recherche de l'effet tragique y est plus marquée, on sera tenté de croire que le groupe du Vatican est postérieur à la frise pergaméenne : il aurait donc été sculpté vers la fin du deuxième siècle.

L'*Apollon du Belvédère* a subi, mais plus justement, le sort du *Laocoon*. Jadis, on ne pouvait le regarder sans tomber en extase. Il nous laisse calmes, presque froids, aujourd'hui. Le dieu s'avance, tel qu'il apparaît dans l'*Iliade*, tenant à la main l'égide terrifiante : « Les épaules couvertes d'une nuée, Phébus-Apollon menait les Troyens au combat. Quand il secoua l'égide à la face des cavaliers danaens, ceux-ci poussèrent des cris effrayants. Leur cœur se troubla dans leurs poitrines, et ils oublièrent soudain leur force et leur courage ». Ce qu'il y a de plus beau dans la statue, c'est la démarche, qui est d'une aisance héroïque, d'une ampleur royale. Quant aux lignes du corps, on leur chercherait vainement un défaut : elles sont irréprochables. Et c'est ce qu'on leur reproche.

Elles sont trop élégantes, trop correctes, trop distinguées pour être vraiment belles. On voudrait des galbes plus mâles, plus hardis, relevés par un peu de couleur et d'accent. La tête, ciselée avec une finesse extrême, est remarquable pour l'expression dédaigneuse de la bouche et des yeux. La chevelure, ondulante et flottant sur le cou, se rassemble, comme celle de la Vénus du Capitole, en un large nœud par-dessus le front. L'orgueil du visage se tempère ainsi d'une grâce efféminée. Ces caractères et la tenue générale du style font reconnaître, dans l'*Apollon*, une œuvre contemporaine de la mort d'Alexandre, une des premières productions de l'art hellénistique.

Praxitèle est représenté au Vatican par une réplique de son chef-d'œuvre, l'*Aphrodite de Cnide*. Pour la voir et en jouir, il ne suffit pas, hélas! de la regarder. Il faut d'abord lui retirer, par la pensée, l'affreuse étoffe de métal dont la pruderie moderne a recouvert la partie inférieure de la statue. L'image qui apparaît alors est d'une insigne beauté; Phidias seul en a créé de plus nobles. La déesse est surprise au bain. Dépouillée de ses derniers voiles, qu'elle vient de poser sur un vase à parfums, elle descend vers l'eau en s'inclinant un peu. N'ayant à craindre aucun regard profane, elle n'est ni inquiète, ni honteuse d'être vue. L'expression de son visage est aussi tranquille que chaste. Mais une pudeur instinctive lui fait rapprocher un peu les genoux et couvrir d'une main son sexe.

L'œuvre est surtout belle par l'ondulation de ses lignes. Les épaules, la poitrine, les hanches ont un charme indicible de contour et de modelé. La tête, comme dans tous les ouvrages de Praxitèle, est traitée avec un soin et des raffinements exquis. Rien de plus élégant que la coiffure. Et pourtant, quoi de plus naturel, de plus familier même, que cette souple torsade retenue par une bandelette? Le grand art seul a de ces simplicités hardies. Enfin, quelle séduction dans le dessin des lèvres, dans l'ouverture des yeux, dans ce regard humide et las où flotte comme un ressouvenir de volupté!

L'*Apollon sauroctone* se réclame aussi du maître athénien. Appuyé contre un arbre, le jeune dieu s'amuse à lutiner un lézard qui grimpe au long de l'écorce. Par l'effet de cette pose, le poids du corps, au lieu d'être également réparti sur les deux jambes, est reporté sur une seule. Tout l'équilibre de l'organisme en est modifié. Plus de formes symétriques, plus de lignes droites comme dans la station verticale.

Mais des contours sinueux, des plans obliques, des cambrures, des saillies, et surtout des contrastes : une épaule s'élève tandis que l'autre s'abaisse ; une hanche ressort, tandis que l'autre s'efface. Et cette variété d'inflexions, jointe à la sveltesse des galbes, motive un rythme charmant. Certaines parties de la statue, comme les attaches et les flancs, sont même d'un travail si moelleux, d'une grâce si féminine qu'on doute si l'on n'a point devant soi un corps d'hermaphrodite.

L'*Ariane endormie* est une des œuvres antiques dont la Renaissance s'est le plus éprise. Raphaël, qui en subissait profondément le charme, a composé d'après elle un dessin que Marc-Antoine a gravé. La signification de la statue n'était pas encore fixée. On y voyait une Cléopâtre mourante. On sait maintenant, par une fresque du Musée de Naples, qu'il faut y reconnaître la fille de Minos et de Pasiphaé, dormant sur le rivage de Naxos où Thésée vient de l'abandonner, où Bacchus va bientôt la surprendre et la consoler. Par ses caractères généraux, l'œuvre se rattache aux écoles grecques du quatrième siècle finissant. Elle est d'une rare qualité plastique. La pose des bras autour de la tête, l'ordonnance de la draperie, le croisement des jambes, sont d'un art aussi habile qu'inventif. La statue n'est pas moins remarquable, sous le rapport de l'expression. Le désordre de la robe entr'ouverte laisse deviner quels rêves hantent le sommeil de la jeune femme. Tout, dans la figure, traduit la torpeur accablée qui suit les désespoirs violents. La grâce voluptueuse et triste des amantes délaissées n'a jamais été mieux rendue. Gœthe avait pour l'*Ariane* une prédilection ; il l'a chantée dans une des *Élégies romaines* : « Si Ariane endormie était aussi belle, ô Thésée, comment pouvais-tu fuir ? A ces lèvres, un seul baiser ! Pars maintenant !... Arrête une dernière fois tes yeux sur les siens... Elle s'éveille ! Te voilà enchaîné pour jamais. »

Parmi tant d'autres œuvres auxquelles il faudrait s'arrêter, deux statues méritent une attention spéciale, comme étant les meilleurs exemplaires du style romain : la statue d'*Auguste* et celle de la *Pudicité*.

Debout, revêtu de son armure, l'*Imperator* parle à ses troupes. Il fait de la main droite un geste majestueux qui semble étendre au loin l'autorité de sa voix. Le visage est calme, sévère, imposant. La bouche, aux lèvres serrées, trahit une volonté contenue. Les yeux, d'une exécution très précise, sont remarquables de

17

profondeur et d'éclat. On sent que l'artiste a scrupuleusement cherché la ressemblance physionomique. L'attitude est aussi aisée que noble. Auguste nous apparaît ici avec toute la prestance que peut donner le pouvoir suprême. La cuirasse est une merveille de ciselure. On y reconnaît le goût des sculpteurs romains pour le détail exact. Chaque pièce, franges, spallières, garnitures, est reproduite minutieusement. Les figurines qui ornent le plastron évoquent des scènes glorieuses : un Germain pleurant sur sa patrie conquise, un Parthe restituant les aigles enlevées jadis aux légions de Crassus. Aux pieds de l'Empereur, un Amour chevauchant un dauphin rappelle que Vénus protège Rome dans le fils adoptif de César.

La statue de la *Pudicité* appartient au genre du portrait plutôt qu'à celui de l'allégorie. C'est une jeune patricienne d'une élégance et d'une distinction raffinées. Sa robe tombe jusqu'aux pieds. Un manteau d'une étofte plus légère encadre la tête, couvre les épaules et le torse, enveloppe un des bras. C'est la traduction plastique du vers d'Horace :

Ad talos stola demissa et circumdata palla.

Le charme du costume antique se perçoit vivement ici. Au contraire de la toilette moderne, la *stola muliebris* laissait aux formes du corps toute leur liberté; car le vêtement intime de la Romaine se réduisait à la *tenuaria vestis*, chemise légère de lin ou de byssus, et à la *fascia*, étroite bandelette qui soulevait un peu les seins. L'ajustement de la draperie suffirait à classer l'œuvre hors de pair. Le jeu varié des plis, la souplesse avec laquelle ils s'enroulent, s'élargissent, se resserrent ou se croisent, font penser à quelque beau modèle grec dont l'auteur de la statue se serait inspiré. Quoi qu'il en soit, on ne peut imaginer, pour une femme, un costume plus décent, plus naturel et plus gracieux.

Canova paie cher aujourd'hui l'honneur qu'on lui a fait jadis en plaçant au Belvédère le *Persée* et les deux *Pugiles*. Le genre académique n'a rien produit de plus fade ni de plus froidement correct que le vainqueur de Méduse. Quant aux deux lutteurs, c'est l'emphase et la grossièreté mêmes.

Étrange destinée que celle de Canova! Il se croyait le continuateur de l'antique, et personne autour de lui n'en doutait. Mais le désir de rivaliser avec les modèles anciens lui tenait lieu d'inspiration. On retrouve sans peine le prototype de ses œuvres principales. L'*Apollon du Belvédère* lui a donné la formule du *Persée;* le groupe d'*Hercule et Lycas* n'est qu'une adaptation de l'*Hercule Farnèse*; la statue de *Madame Lœtitia* fait songer immédiatement à l'*Agrippine* assise du Capitole; et l'*Aphrodite au bain* du Palais Pitti n'existerait pas sans la *Vénus de Médicis*.

LA CITÉ LÉONINE

L'incursion des Sarrasins en 846. — Le tombeau de saint Pierre.

Quand la menace des Barbares obligea l'empereur Aurélien à fortifier Rome (271), il abrita les quartiers de la rive gauche derrière une haute muraille armée de tours. Le Transtevère, moins important, ne fut protégé que par un simple mur. Encore ce dernier ouvrage ne s'étendait-il que de la *Porta Portuensis* au pied du Janicule, de sorte que le Vatican restait au dehors.

L'*Ager Vaticanus* ne valait pas, en effet, la dépense d'un rempart. C'était une région insalubre, déserte, où l'on ne voyait que des masures, des prés, des terrains vagues, et qui ne se rattachait au grand passé romain par aucun souvenir; Tacite l'appelait un « lieu infâme ». Il n'y avait que les chrétiens pour se rappeler le drame de l'an 65, le premier baptême de sang reçu dans le Cirque de Néron.

Ils étaient venus là, pendant deux siècles, prier sur les tombes de leurs évêques et de leurs martyrs, inhumés au long de la Voie Cornélienne. Une de ces tombes contenait même leur plus précieuse relique : le corps de saint Pierre. Mais, depuis une vingtaine d'années, rien ne les attirait plus à la colline vaticane. On avait dû en retirer le cercueil de l'Apôtre, pour le soustraire aux profanations des persécuteurs : il reposait de l'autre côté du Tibre, dans la crypte secrète d'une catacombe.

Un demi-siècle plus tard, Constantin inaugurait la « paix de l'Église » ; les restes de saint Pierre étaient ramenés à leur sépulture primitive, et une basilique splendide s'élevait sur l'emplacement du cirque néfaste.

Or, en 846, sous le pontificat de Sergius II, les Sarrasins, déjà maîtres de la Sicile, s'emparèrent d'Ostie et fondirent sur Rome. « Ils se précipitaient, dit un chroniqueur, comme une nuée de sauterelles qui s'abat sur un champ. » Leur attaque se brisa aux fortifications d'Aurélien. Mais le Vatican leur fut abandonné presque sans défense. Ils pillèrent la basilique et tous les établissements religieux, églises, chapelles, couvents, qui s'étaient groupés alentour. Puis, chargés de butin, ils rejoignirent leurs galères.

A ne considérer que les pertes matérielles, l'aventure n'était pas des plus graves. Les Goths et les Vandales avaient laissé jadis derrière eux de bien autres ruines. Mais ces Barbares, étant chrétiens, n'avaient du moins agi que par cupidité. Si détestables que fussent leurs exploits, la haine religieuse et la passion sacrilège n'y avaient point eu de part. Depuis que Rome avait répandu l'Évangile dans le monde, depuis qu'elle était, selon la belle expression de Dante, « la cité par qui le Christ est devenu romain », *la citta onde Cristo è romano,* c'était la première fois que des mécréants portaient la main sur elle.

L'insulte sarrasine fut ressentie par toute la chrétienté avec une douleur extrême. Le récit, en passant de bouche en bouche, avait d'ailleurs amplifié quelque peu l'événement ; Rome entière, assurait-on, avait été souillée par la horde musulmane. La légende s'accrédita bientôt. Les trouvères français l'ayant recueillie, elle se fixa, au treizième siècle, dans une chanson de geste que les jongleurs débitaient sur les places publiques, sous ce titre : *la Destruction de Rome.*

L'émoi des contemporains eut un effet pratique. Les offrandes et les subsides affluèrent de toutes parts, quand le successeur de Sergius II, Léon IV, entreprit de parer à un retour possible des Sarrasins, en fortifiant la colline vaticane. Une *civitas nova* se forma ainsi autour de Saint-Pierre : la Cité Léonine. L'ouvrage fut conduit avec une telle ardeur qu'il fut achevé en moins de quatre ans.

L'incursion de 846 pose, devant les historiens et les croyants, un problème troublant. Le tombeau de saint Pierre n'a-t-il pas été violé par les envahisseurs? Les restes de l'Apôtre sont-ils encore là?

Les Sarrasins étaient trop exercés au pillage des églises pour n'avoir pas fouillé sous le maître-autel. Ils n'ignoraient certes pas que la basilique vaticane enfermait un dépôt sacré, qu'elle était, par excellence, le sanctuaire de la catholicité latine. La richesse extraordinaire du monument aurait d'ailleurs suffi à les renseigner. Ils pouvaient savoir, en outre, qu'une parure éclatante revêtait la crypte sainte. Comment admettre que leur fanatisme et leur rapacité aient laissé échapper une si belle proie?

La question faillit être résolue en 1594, tandis qu'on travaillait au soubassement de la Confession actuelle.

Un accident mit à jour l'étroite ouverture du puits au fond duquel est située la chambre funéraire. Par cette lucarne, l'architecte, Giacomo della Porta, fit descendre une torche et crut discerner, dans la pénombre, l'éclat d'une croix d'or sur un cercueil. Clément VIII, informé, arriva immédiatement. A son tour, il plongea ses regards dans le soupirail. Que vit-il au juste? — On ne sait; car les témoignages qu'on a sur l'incident sont vagues et indirects. Toujours est-il que le Pape arrêta net les fouilles et que, séance tenante, il fit combler le puits avec des gravats.

Le mystère sera-t-il jamais éclairci?

SAINT-ONUPHRE

Le Tasse. — La *Vierge* du Vinci.

Quand le Tasse vint mourir ici, en 1595, il n'était plus que l'ombre de lui-même. Après tant d'années de disgrâces, de persécution, de folie, la fortune semblait lui sourire une dernière fois. Un pape lettré, digne de la Renaissance, Clément VIII Aldobrandini, l'avait appelé à Rome pour lui ceindre au front la couronne de lauriers, la couronne de Pétrarque. Mais le malheureux Torquato prit la fièvre dès son arrivée. On le recueillit au Couvent de Saint-Onuphre, et la cérémonie fut décommandée. Il expira peu après. Une cellule de hiéronymite fut son Capitole.

Contempla-t-il, avant de fermer les yeux, le magique tableau que domine la terrasse du couvent et qui se déroule par-dessus Rome entière jusqu'au delà des Monts Albains? — Non. Il le regarda peut-être; il n'était plus en état de le voir. Depuis longtemps, cette âme, autrefois si vibrante, ne percevait plus la beauté.

Lorsqu'on a fini ses dévotions à la mémoire du poète, on donne un regard aux fresques de Peruzzi et de Pinturicchio qui décorent la petite église conventuelle. Puis l'on se hâte d'aller admirer, dans le couloir du premier étage, la *Vierge* du Vinci.

La Madone est représentée assise, portant de la main gauche une fleur, et retenant de l'autre main son fils qui se penche pour bénir le donateur agenouillé. La grâce la plus noble anime ses traits, caresse son visage, fait onduler ses cheveux. Elle sourit; et son sourire est un des plus mystérieux que Léonard ait composés; car il est fait de rêverie tendre, de sensibilité aiguë, de mélancolie voilée, de souffrance prévue et consentie, de tout le drame intérieur que peut être la vie de la créature féminine à son degré suprême de raffinement. Devant cette merveilleuse image, on se répète malgré soi l'invocation sacrilège qu'une autre Madone arrachait un jour à Henri Heine : *O Venus dolorosa!*

Auprès de la Vierge, le *Bambino* n'offre qu'un intérêt médiocre. Le coloris en est dur, la pose raide, le dessin défectueux. La figure semble d'ailleurs être restée à l'état d'ébauche. Le donateur, vu de profil, son bonnet à la main, est saisissant de gravité pieuse; la tête, magistralement modelée, forme un superbe portrait.

C'est, parmi les critiques, un grave débat de savoir si la fresque de Saint-Onuphre est réellement de Léonard, ou ne doit pas être de préférence attribuée à l'un de ses élèves, à Beltraffio, par exemple. Les partisans de cette dernière opinion se fondent sur la date tardive à laquelle le Vinci serait venu, pour la première fois, à Rome : septembre 1513. Et ils objectent que la fresque du Janicule rappelle la manière lombarde sinon la manière florentine du peintre : il faudrait, par suite, antidater l'œuvre de quatorze ans au moins. Or, s'il est exact qu'on n'ait gardé trace d'aucun voyage de Léonard à Rome avant 1513, rien ne prouve qu'il n'y eût point séjourné antérieurement. Pourquoi n'y aurait-il pas suivi, en 1502, César Borgia, qui se l'était attaché comme constructeur de forteresses, comme « architecte et ingénieur général », pendant l'expédition des Romagnes? Comment d'ailleurs admettre qu'un artiste si passionnément curieux, d'intelligence si ouverte et si active, ait attendu d'avoir passé la soixantaine pour accomplir le pèlerinage de la Ville Éternelle? Enfin, comment ne pas reconnaître la marque géniale, l'empreinte inimitable du maître dans cette Vierge divine?

SAINTE-MARIE-DE-LA-PAIX

Les *Sibylles* de Raphaël. — Imperia. —
Le cloître de Bramante.

Commencée au temps de Sixte IV par Baccio Pintelli, l'église a été restaurée, vers 1655, par Pietro da Cortona. Le plan primitif n'apparaît plus qu'à l'intérieur de l'édifice. La disposition en est aussi originale qu'heureuse ; elle consiste dans une nef étroite, aboutissant à un bel octogone d'où surgit une coupole.

La façade, entièrement reconstruite au dix-septième siècle, accuse les déplorables principes que les Borromini et les Fontana venaient d'accréditer en architecture. Avec ses portiques demi-circulaires et ses courbes contrastantes, elle ne vise qu'à donner l'illusion de la grandeur et de la richesse; elle ressemble à un décor d'opéra.

Dans une des chapelles se voit la fameuse fresque des *Sibylles,* exécutée par Raphaël sur la demande d'Agostino Chigi. Elles sont quatre : la *Cuméenne,* la *Phrygienne,* la *Persique* et la *Tiburtine.* Des archanges les accompagnent, portant des tables de marbre où sont gravées les paroles fatidiques. Une seule des prophétesses est vieille; c'est la *Cuméenne*, la *longæva sacerdos* de l'*Énéide*. Les trois autres sont de belles jeunes femmes, en qui la vie rayonne de tout son éclat. Sous l'ajustement sévère de leurs draperies, on devine des formes pleines, flexibles et robustes. Praxitèle n'a pas sculpté de corps plus souples ni plus harmonieux. Par l'expression morale, elles atteignent aux sommets de l'art et de la poésie; elles dépassent l'humaine réalité; elles appartiennent à un monde où rien de vulgaire, rien d'accidentel, rien de transitoire n'existe. Par là, elles égalent leurs sœurs de la Sixtine qui, autrement, leur ressemblent si peu. Autant les Sibylles de Michel-Ange sont fougueuses et tragiques, autant celles du Sanzio ont de grâce, de douceur et de sérénité.

Entre ces dernières, il en est une qui retient particulièrement le regard : la *Phrygienne*. Appuyée contre le bord du cintre, la vierge d'Ancyre se retourne vers l'archange annonciateur. Et cette pose imprime à tout le corps une ondulation charmante. Le visage, d'un galbe très pur, est grave, presque triste. On reconnaît cette figure féminine pour l'avoir déjà vue dans la fresque du *Parnasse* et dans celle d'*Héliodore*. C'est la maîtresse de Chigi, c'est Imperia, l'idole de Rome, qui venait de mourir à vingt-six ans. Les esprits étaient alors si imprégnés de paganisme, que le fait d'avoir choisi une église pour y rendre hommage à la beauté d'une courtisane ne choqua personne. D'ailleurs, une autre église, celle de Saint-Grégoire, avait recueilli les cendres de la pécheresse, et l'on avait inscrit ces mots sur la tombe :

IMPERIA, CORTISANA ROMANA, QUÆ DIGNA TANTO NOMINE
RARÆ INTER HOMINES FORMÆ SPECIMEN DEDIT.
VIXIT ANNOS XXVI, DIES XII. OBIIT MDXI, DIE XV AUG.

Un monastère, occupé par des chanoines réguliers du Latran, attenait à l'Église de Sainte-Marie-de-la-Paix. Bramante y a construit un cloître à deux étages.

On est d'abord un peu surpris de voir les colonnes de l'étage supérieur s'appuyer en porte-à-faux sur le milieu des arcs inférieurs. Mais la sveltesse de ces colonnes et l'importance attribuée à l'entablement qui les soutient ont vite rassuré l'œil quant à la stabilité. Pourrait-on d'ailleurs s'attarder à cette critique, devant un ensemble d'une proportion si juste, d'un style si ferme, d'un caractère si élégant?

SAINT-PIERRE-*IN-MONTORIO*

Le *Tempietto*. — Béatrice Cenci.

L'église, construite en 1500 par l'ordre de Ferdinand V et d'Isabelle la Catholique, n'est pas de celles où l'on s'attarde. Elle n'a d'autre mérite, en effet, que la sobre élégance de sa façade, élevée par Baccio Pintelli, et une fresque, d'un dessin énergique, exécutée par Sebastiano del Piombo.

Mais la cour du monastère contigu renferme un des joyaux les plus fins de la Renaissance, le *Tempietto* de Bramante.

L'édicule consacre le lieu où, selon de vagues croyances, le prince des Apôtres aurait subi le martyre.

Une colonnade circulaire couronnée de balustres entoure une *cella*, dont les parois sont creusées en niches. Sur la terrasse, et un peu en retraite, un attique à pilastres soutient une coupole. Même ordonnance pour la chapelle intérieure.

Par la pureté de ses profils, par la sveltesse de ses formes, par la simplicité de ses détails, par l'habile éclairage de ses divers organes, le monument rappelle les plus heureuses créations de l'art antique. Et pourtant c'est un art nouveau et indépendant qui vient de naître. Le *Tempietto* inaugure dans l'œuvre de Bramante une seconde manière, aussi hardie et animée que sa manière lombarde, mais plus logique, plus harmonieuse, plus noble. Le grand style de la Renaissance est dès lors fondé.

De l'esplanade qui précède l'église, on aperçoit Rome entière avec son chaos de maisons, ses palais innombrables, ses ruines éparses, ses dômes suspendus, ses campaniles effilés, ses villas verdoyantes, —vingt-sept siècles de construction ininterrompue, la plus longue histoire monumentale que jamais ville au monde ait réalisée, — puis, au delà, le désert majestueux de la plaine latine où les aqueducs allongent leurs arcatures sombres; enfin, à perte de vue, un décor de montagnes lumineuses qui va se déroulant jusqu'aux Abruzzes.

Les Anciens, dont la sensibilité ne s'émouvait guère aux vastes horizons, admiraient cependant la noblesse de celui-ci. Le poète

18

Martial, qui demeurait sur le Janicule, a célébré la beauté du site :

Hinc septem dominos videre montes
Et totam licet æstimare Romam...

« De là, on distingue les sept collines souveraines, et toute l'étendue de Rome, et les coteaux d'Albe, et les plus fraîches retraites de Tusculum, et l'antique Fidène, et la charmante Rubra, et le bois d'Anna Pérenna que le sang d'une vierge a rougi, etc. »

Le *Montorio* a vu l'épilogue d'un drame célèbre, que la légende a étrangement dénaturé.

C'est là, en effet, que le 11 septembre 1599, le corps de Béatrice Cenci fut apporté de l'échafaud pour être inhumé dans l'église.

Une foule immense, où se mêlaient toutes les classes de la société, suivait le convoi de cette belle fille de vingt ans qui avait tué son père, en se donnant ses frères pour complices. La presse était si forte qu'il y eut des centaines de gens étouffés. Dans cette multitude, personne assurément ne se doutait qu'un jour la suppliciée se transfigurerait en martyre et que l'imagination populaire ferait d'elle une héroïne chaste et pieuse, contrainte au parricide pour repousser l'inceste. Non pas qu'on eût estimé Francesco Cenci incapable de violer sa fille ; on le savait brutal, despotique, luxurieux, sans scrupule et sans frein. Mais on savait aussi que Béatrice avait justifié par son inconduite les rigueurs paternelles, que même elle avait eu un fils de l'intendant du château où son père l'avait séquestrée, enfin qu'une assez basse rancune l'avait seule poussée au crime.

Quant au portrait fameux que Guido Reni aurait peint d'après elle, dans son cachot, elle n'y est certes pour rien, l'artiste n'étant venu à Rome qu'en 1608, c'est-à-dire neuf ans après le supplice. Il ne faut donc voir dans le tableau du Palais Barberini qu'un morceau de facture, une banale académie, où d'ailleurs on reconnaît facilement le caractère fade et conventionnel du genre.

SAINT-PIERRE-AUX-LIENS

Le *Moïse* de Michel-Ange.

En 442, l'Impératrice Eudoxie rapporta de Jérusalem les chaînes qui avaient lié l'Apôtre Pierre dans la prison d'Hérode. Pour conserver la précieuse relique, elle fit construire sur le mont Esquilin une église splendide que saint Léon le Grand consacra solennellement. Les réfections subies à travers les siècles ont peu à peu retiré à la basilique la simple et grandiose ordonnance d'où lui venait sa beauté. Mais elle possède encore vingt colonnes doriques, d'un style excellent.

Une des nefs latérales abrite le mausolée de Jules II, construction disparate et mesquine, au centre de laquelle est encastré le *Moïse* de Michel-Ange.

Cette statue colossale, qui ne devait jouer qu'un rôle accessoire dans le gigantesque sépulcre du plan primitif, compose à peu près tout le monument; car, sauf les statues de *Rachel* et de *Lia* dont le maître a ébauché les contours, les autres parties de l'édifice sont l'œuvre maladroite de ses disciples.

Le législateur hébreu est représenté assis, tournant la tête, et prêt à se dresser. Toute sa personne exprime la fierté majestueuse de l'homme qui vient de soutenir le regard de Dieu.

Par la tournure générale et par l'intensité de l'expression, le *Moïse* rappelle le *Saint Jean* de Donatello, qui est dans la cathédrale de Florence et que le Buonarroti ne se lassait point d'admirer. Il fait songer aussi aux *Prophètes* de la Sixtine, et plus encore aux figures titaniques du *Jugement dernier*. Ce qui domine, en effet, dans le héros de l'Exode, c'est la puissance physique et morale portée à son plus haut degré.

Sous le rapport technique, l'œuvre est incomparablement belle. L'ensemble résume les qualités souveraines de Michel-Ange : la décision, l'ampleur, l'énergie, l'audace. Et les détails révèlent une maîtrise extraordinaire dans la pratique du ciseau. Les bras, musclés sans excès, sont d'un galbe superbe. Les mains ont une élégance et une distinction toutes florentines. La barbe est traitée avec un art infini. On la sent vivante ; elle participe à l'expression du visage ; on dirait que le souffle du Sinaï l'agite encore. La draperie n'est pas d'un travail moins savant. Disposée en plis larges et fermes, elle est sillonnée d'évidements profonds qui animent la masse en y découpant des ombres vigoureuses. Le *Moïse* est, avec le *Penseur*, le chef-d'œuvre de Michel-Ange. Le génie sculptural du maître s'y montre dans sa perfection suprême.

Les statues de *Rachel* et de *Lia*, symboles de la vie contemplative et de la vie active, trahissent chez le Buonarroti vieillissant une recherche curieuse de la douceur et de la grâce, comme s'il eût épuisé toutes les formes de la passion. Ces deux figures sont un des nombreux motifs d'inspiration que Michel-Ange a empruntés à Dante ; elles traduisent, dans le langage plastique, l'épisode charmant du *Purgatoire* :

« Je crus voir en songe une femme jeune et belle qui s'en allait, cueillant des fleurs par la campagne, et qui chantait, disant : Sache que je « suis Lia et que je vais étendant partout mes « belles mains en quête d'une guirlande. C'est « pour me plaire à mon miroir qu'ici je me pare ; « mais Rachel, ma sœur, ne se détourne jamais « du sien. Elle prend plaisir à voir ses beaux « yeux, comme moi à m'orner de mes mains. Son « bonheur est de contempler, le mien est d'agir. »

LE *GESÙ*

La dévotion italienne après le concile de Trente. —
La prospérité des Jésuites au seizième siècle.

L'Église du *Gesù* représente l'hommage des Farnèse à l'Ordre de saint Ignace. Commencée par Vignole en 1568, elle a été finie par Giacomo della Porta en 1575.

Le plan de l'édifice est le plus simple qu'on puisse voir : il comprend une seule nef, un chœur et un transept. Des chapelles s'encastrent dans les parois latérales. Une coupole surmonte la croisée. Tout, dans la construction, est subordonné à l'effet d'ampleur et d'unité. Les lignes sont grandes et belles, les profils élégants, les rapports harmonieux. L'esprit le plus classique a présidé à cette partie de l'œuvre, dont il faut faire honneur à Vignole. La façade, qui est due à Giacomo della Porta, est d'un dessin plus compliqué. On y voit déjà paraître ces formes rompues, ces membres multiples, ces ordres superposés, dont Bernin et Borromini useront bientôt à l'excès.

Le style de la décoration intérieure fait un étrange contraste avec la simplicité de la structure organique. Un luxe inouï règne dans les ornements. Les métaux précieux, le marbre, les pierreries sont employés à profusion. Colonnes et pilastres, architraves et frontons, piédestaux et balustres, sans compter les candélabres et les tabernacles, tout reluit et rayonne. Ce n'est partout que bronze doré, argent, porphyre, jaspe oriental, agate, malachite, albâtre, lapis-lazuli. Même splendeur, même somptuosité dans la peinture des voûtes. L'église entière scintille comme un trésor.

Déplorable sous le rapport du goût, cette parure monumentale est singulièrement expressive au point de vue religieux. Elle atteste l'évolution qui s'est produite dans les croyances, au lendemain du concile de Trente. Un réalisme grossier a envahi le culte. La dévotion est devenue à la fois sensuelle et mondaine. L'âme italienne s'est convertie au catholicisme espagnol.

Le *Gesù* témoigne en outre du haut degré de richesse où l'Ordre de saint Ignace était parvenu vers la fin du seizième siècle. La prospérité matérielle des Jésuites s'est fondée, comme leur puissance morale, avec une étonnante rapidité. Leur coup de maître fut de comprendre que l'Europe catholique, surchargée d'instituts religieux, ne pouvait plus leur procurer que des ressources médiocres. Ils cherchèrent fortune loin du vieux continent. Le monde se couvrit de leurs missions, qui, chacune, se doublait d'un comptoir. Dès 1541, — un an à peine après que Paul III Farnèse leur a délivré sa bulle d'approbation, — ils s'établissent au Malabar et au Mozambique. En 1547, ils sont au Congo; en 1549, au Japon; en 1550, au Brésil. Bientôt et presque simultanément, ils s'installent au Pérou, en Chine, aux Moluques, en Floride, au Mexique, au Paraguay, en Abyssinie. Leur flotte marchande sillonne la mer dans tous les sens. Leurs factoreries sont innombrables. Ils y ajoutent des plantations, des mines, des fabriques; ils surpassent les Hollandais eux-mêmes dans l'art d'exploiter les pays nouveaux. La concurrence qu'ils font au commerce laïque est si active, si habile que les récriminations éclatent contre eux de toute part. On dénonce leur esprit de lucre. On les accuse de profaner le nom de Jésus, en le mêlant à leurs pratiques de négoce et de spéculation. Un évêque espagnol, Palafox, qui les a vus à l'œuvre au Mexique, adresse à Innocent X un réquisitoire indigné contre ces trafiquants déguisés en prêtres : « Quel autre ordre a jamais tenu, à l'exemple des Jésuites, une banque dans l'Église de Dieu? Quel autre ordre a ainsi ouvert, dans ses propres maisons, des boutiques et des ateliers? Quel autre ordre a ainsi rempli l'univers de son industrie mercantile, au grand étonnement des fidèles et à leur plus grand scandale? »

Le faste provocant du *Gesù* a compté pour quelque chose dans l'abolition de l'Ordre au dix-huitième siècle. C'est devant l'autel même de saint Ignace que les volontés irrésolues de Joseph II semblent s'être fixées. L'Empereur était venu à Rome pour assister aux cérémonies du conclave qui allait élire un successeur à Clément XIII et trancher ainsi le grave débat qui passionnait l'Europe. On ne savait rien encore de ses intentions à l'égard de la Compagnie; on les scrutait anxieusement. Sous les dehors les plus courtois, il gardait une réserve déconcertante. Il arriva le 15 mars 1769 et descendit à la Villa Médicis. Depuis deux siècles et demi, depuis le séjour triomphal de Charles-Quint, la Ville Éternelle n'avait pas vu d'empereur. A la différence de son illustre ancêtre, Joseph II se présenta aux Romains dans le plus simple équipage, sans escorte ni suite, refusant les honneurs officiels, n'acceptant que les prévenances et les divertissements. Une de ses premières visites fut pour le *Gesù*. Le P. Ricci, Général de l'Ordre, se tenait à ses côtés. Devant la statue de saint Ignace, le souverain, qui était demeuré jusqu'alors silencieux, ne put réprimer son étonnement d'un tel luxe. Le P. Ricci crut habile d'insinuer : « C'est aux nombreux amis de notre Société, Sire, que nous devons ces richesses. » L'Empereur riposta sèchement : « Dites plutôt que c'est à vos comptoirs des Indes! »

Un mois plus tard, le conclave élisait Clément XIV. On sait le reste.

SAINT-LOUIS-DES-FRANÇAIS

La *Schola Francorum*. — Les églises nationales. — Chateaubriand et Madame de Beaumont.

Dès le septième siècle, les pèlerins étrangers commencèrent d'affluer dans la Ville Apostolique. Ils venaient de France, de Germanie, d'Espagne, d'Angleterre, de Saxe, de Frise et jusque des royaumes scandinaves. Quand, après deux ou trois mois de route, ils apercevaient enfin Rome, du haut du Monte-Mario, ils faisaient halte pour entonner l'admirable cantique :

O Roma nobilis, orbis et domina,
Cunctarum urbium excellentissima,
Roseo martyrum sanguine rubea,
Albis et virginum liliis candida,
Salutem dicimus tibi per omnia,
Te benedicimus, salve! per sæcula.

« O noble Rome, maîtresse du monde, excellente parmi toutes les villes, rouge du sang des martyrs, blanche du lys des vierges, salut! Nous te bénissons à travers les siècles. »

Une fois arrivés, ils restaient groupés, accomplissant leurs dévotions en commun et se prêtant une aide mutuelle en cas de besoin. Des sociétés permanentes se formèrent ainsi, entre gens de même pays. On les désignait sous le nom de *Scholæ peregrinorum;* chacune d'elles choisissait, dans les parages de Saint-Pierre, une église comme centre de ralliement. La *Schola Francorum* avait adopté l'Église du Saint-Sauveur, la *Schola Saxonum* l'Église du Saint-Esprit, la *Schola Frisonum* l'Église de Saint-Michel, etc. Avec le produit de leurs aumônes et de leurs dons, elles s'occupaient de secourir les voyageurs nécessiteux, de soigner les malades, d'enterrer les morts, de rapatrier les orphelins. Toute *schola* importante eut bientôt son hôpital et son cimetière.

L'Église du Saint-Sauveur, où se rassemblaient les pèlerins de France, était située contre la basilique vaticane, sur l'emplacement de la sacristie actuelle. L'hôpital de la corporation se trouvait à l'endroit où s'élève aujourd'hui le Palais du Saint-Office. Le cimetière existe encore, à quelque cent mètres de là, mais sous le nom de *Campo santo dei Tedeschi*, l'enclos ayant été acquis plus tard par les Allemands.

Le jubilé de l'an 1300 accrut encore le prestige de Rome dans l'imagination des peuples catholiques. Les fidèles accoururent par milliers aux tombeaux des Apôtres : l'Europe entière défila devant les sépulcres sacrés. Durant l'exil d'Avignon et le Grand Schisme, le mouvement se ralentit, s'arrêta presque. Mais, dès le pontificat de Martin V, les pèlerins reprirent en masse le chemin de la métropole chrétienne.

Rome se couvrit alors de fondations étrangères. Chaque pays voulut avoir son église nationale. On vit s'élever presque simultanément Saint-Louis des Français, Saint-Yves des Bretons, Saint-Nicolas des Lorrains, Saint-Claude des Bourguignons, Sainte-Marie-du-Montserrat des Espagnols, Saint-Antoine des Portugais, Saint-Martin des Suisses, Sainte-Brigitte des Suédois, Saint-André des Écossais, Saint-Jérôme des Esclavons, une foule d'autres en plus. Chaque ville d'Italie voulut également posséder son église particulière. Et, de même que pour les pays étrangers, il y eut Saint-Jean des Florentins, Sainte-Catherine des Siennois, Saint-Ambroise des Lombards, Saint-Pétrone des Bolonais, Sainte-Marie des Siciliens, Saint-Barthélemy des Bergamasques, etc.

L'Église de Saint-Louis-des-Français a été fondée en 1478. Les événements politiques et la pénurie financière interrompirent plusieurs fois les travaux.

La façade ne fut construite qu'en 1580, sous la direction de Giacomo della Porta. C'est la plus belle partie de l'édifice. L'heureuse division des étages, l'importance des surfaces nues, la simplicité des ornements produisent un aspect calme et grave qui manque trop souvent aux frontispices des églises romaines.

La décoration intérieure est, au contraire, surchargée. Elle n'a de remarquable qu'un somptueux plafond de Natoire, le *Triomphe de saint Louis,* et l'œuvre capitale du Dominiquin, deux fresques d'une large ordonnance et d'un réalisme énergique, *la Vie et le Martyre de sainte Cécile.*

Mais le véritable intérêt de l'église n'est pas dans ses peintures : il est dans ses inscriptions et dans ses tombeaux. On y peut reconstituer la biographie entière du monument. Et, pour qui sait la lire, c'est un grand chapitre d'histoire, c'est tout le rôle politique et moral de la France à Rome qui s'y trouve raconté. Cardinaux, prêtres, diplomates, savants, artistes, soldats, voyageurs, les plus illustres comme les plus humbles de ceux qui gisent là portaient jadis un nom français; leurs cendres ont réellement fait de ce lieu une terre française.

Dans la première chapelle de gauche, une dalle de marbre appliquée au mur désigne la place où, par un triste soir de novembre 1803, Chateaubriand inhuma Pauline de Montmorin, comtesse de Beaumont.

Exténuée de souffrance, respirant à peine, elle était venue s'éteindre dans les bras de son ami. Elle savoura pendant vingt jours cette volupté suprême. A la voir si aimante et misérable, il sut enfin trouver des mots dignes d'elle. Il la berça de paroles tendres. Devant ces pauvres yeux qui allaient bientôt se remplir d'ombre, il évoqua toute la magie automnale du spectacle romain. Elle avait dit naguère : « Le style de M. de Chateaubriand me fait éprouver une espèce de frémissement d'amour; il joue du clavecin sur toutes mes fibres. » Leurs derniers entretiens la remuèrent bien plus encore. Le virtuose qu'il était se surpassa. Elle mourut, nous affirme-t-il, « désespérée et ravie ».

Un bas-relief, ciselé dans la dalle funèbre, nous représente la jeune femme étendue sur sa couche d'agonie. D'une main, elle semble montrer les images de ses parents, tous morts au temps de la Terreur. La réponse de Rachel est gravée sous les médaillons : *Quia non sunt!* Plus bas on lit cette épitaphe :

D. O. M.
APRÈS AVOIR VU PÉRIR TOUTE SA FAMILLE,
SON PÈRE, SA MÈRE, SES DEUX FRÈRES ET SA SŒUR,
PAULINE DE MONTMORIN,
CONSUMÉE D'UNE MALADIE DE LANGUEUR,
EST VENUE MOURIR SUR CETTE TERRE ÉTRANGÈRE.

F. A. DE CHATEAUBRIAND A ÉLEVÉ CE MONUMENT
A SA MÉMOIRE!

Est-ce bien à la mémoire d'elle, n'est-ce pas plutôt à la gloire de lui-même qu'il a élevé ce monument? Ne pouvait-il rendre à la morte un hommage plus discret? Quel besoin avait-il de se nommer dans l'épitaphe? Tout l'orgueil, tout l'égoïsme du personnage s'étale sur cette plaque de marbre.

SAINTE-MARIE-DE-LA-VICTOIRE

La *Sainte-Thérèse* de Bernin.

Une chapelle du transept, parée comme un boudoir, contient le fameux groupe d'autel où Bernin a représenté *Sainte Thérèse* en extase.

Le président de Brosses, dans ses *Lettres* de voyage, a décrit l'œuvre exactement : « La sainte est dans son habit de carmélite, pâmée, tombant à la renverse, sa bouche entr'ouverte, les yeux mourants et presque fermés; elle n'en peut plus; l'ange s'approche d'elle, tenant en main un dard dont il la menace d'un air riant et un peu malin ». Le spirituel président ajoute : « Si c'est ici l'amour divin, je le connais! »

Nul doute, en effet. Ce n'est pas à une scène de cloître ou d'oratoire, c'est à une scène d'alcôve que Bernin nous fait assister. Les mouvements secrets dont cette belle créature exténuée semble tressaillir encore n'ont rien de mystique. Ce n'est pas une visionnaire en extase que nous avons sous les yeux; c'est une jeune mondaine qui défaille aux bras de son amant.

L'extraordinaire est qu'on s'y soit mépris d'abord, et qu'une œuvre aussi profane ait pu être considérée comme l'expression suprême du sentiment religieux. Dans ce marbre tout frémissant de vie sensuelle, on ne voyait que le spectacle d'une âme absorbée en Dieu, au point que, vers 1750, un prêtre écrivait tranquillement : « L'expression de cette statue démontre la vérité de cette pensée de saint Augustin : *Irrequietum est cor nostrum donec requiescat in te.* » Le mysticisme est sujet à ce genre de malentendus. Ainsi, le *Cantique des cantiques*, cette pastorale ardente égarée dans la Bible, n'était pour Athanase qu'un hymne en l'honneur de l'incarnation du Verbe : *tanquam verbi et carnis epithalamium.* Et, durant tout le moyen âge, les âmes les plus pures ont fait leurs délices de ce livre passionné. Encore, le poème hébreu semble-t-il se prêter aux contre-sens de l'exégèse allégorique; car s'il choque notre délicatesse moderne, il n'est point immoral, puisqu'il conclut au triomphe de l'amour ingénu et fidèle sur l'amour hypocrite et servile. Mais la *Sainte Thérèse* de Bernin ignore les candeurs de la Sulamite. La naïveté lui manque absolument.

Le péché habite dans son cœur; elle le sait, et y trouve comme une volupté de plus.

Au point de vue technique, l'œuvre caractérise d'assez près le style de l'auteur. On y sent la recherche opiniâtre de l'effet pathétique, la volonté de faire traduire à la sculpture les sentiments les plus vifs de l'âme dans leurs manifestations extrêmes. De là, l'outrance du geste et le désordre des lignes. On y observe encore le rôle irrationnel que joue la draperie. Elle n'est plus, comme dans l'art antique, subordonnée aux formes vivantes qu'elle recouvre, essentiellement destinée à faire valoir le modelé. Elle est traitée, non pour ce qu'elle enveloppe, mais pour elle-même, pour elle seule, pour la beauté de ses plis ondulants et de ses masses refouillées où la lumière se joue; elle n'est qu'un motif à prouesses de ciseau. On s'en veut de s'attarder à ces critiques devant une œuvre qui, à tant d'égards, mérite l'admiration. Quelle science dans le travail des parties nues! Quelle souplesse dans le torse de l'ange qui darde sa flèche! Et peut-on rien imaginer de plus délicat, de plus suavement féminin, que la main et le pied de la nonne? L'épiderme semble frémir à fleur de marbre, et l'exécution caressée des chairs fait penser à Praxitèle.

LE MUSÉE NATIONAL AUX THERMES DE DIOCLÉTIEN

Il n'est pas de musée, à Rome, où l'on jouisse mieux de la sculpture antique. La plupart des œuvres s'y montrent, en effet, telles qu'on les a découvertes, sans retouche, sans raccord, sans restauration. Quelques-unes à peine ont subi le travail de repolissage et de rajustement qui, depuis le seizième siècle, a dénaturé tant de statues.

Le cadre, en outre, fait si bien valoir les richesses qu'il contient! Ce couvent bâti sur des thermes en ruine, ce cloître dessiné par Michel-Ange, ce jardin aux cyprès centenaires, le recueillement qu'inspire cette longue suite de cellules et d'arcades, tout cela compose une atmosphère si favorable à l'émotion esthétique!

Le chef-d'œuvre du Musée est un bas-relief qui servait à la décoration d'un trône et qui représente la *Naissance d'Aphrodite*. Émergeant des flots, la déesse tend les bras vers deux jeunes femmes, les Heures, auxiliatrices des hommes et des dieux, qui la soutiennent, tout en voilant sa nudité. Une grâce souverainement pure et fière empreint le visage de l'Anadyomène. Ses cheveux, serrés par une ganse autour du crâne, se déroulent sur l'épaule en ondulations charmantes. Sous le tissu mince et ruisselant qui recouvre le torse, les seins gonflés d'une pulpe tendre font saillir adorablement leurs pointes virginales. Et le geste qui relie cette belle créature à ses compagnes communique à la scène entière une sorte de majesté religieuse. Les Heures sont dignes du rôle sacré qu'elles remplissent. Flexibles et robustes, on les dirait évoquées de l'*Iliade*. Le trône s'achevait par deux appuis latéraux en forme de trapèze. Deux sveltes jeunes femmes y sont figurées, assises l'une et l'autre. La première, chastement drapée dans un *himation*, verse des parfums sur un autel ; la seconde, toute nue, jambes croisées, appuie nonchalamment à ses lèvres une double flûte. Dans les trois panneaux du triptyque, on retrouve la même fraîcheur d'inspiration, le même art sincère, naturel et convaincu. L'archaïsme de l'œuvre ne s'accuse que par la symétrie de l'ordonnance et le travail régulier des draperies ; car les attitudes sont d'une justesse irréprochable et l'exécution très habile.

Un esprit nouveau, un idéalisme plus large, plus élevé, se manifeste dans l'*Apollon*. Le dieu est représenté sous les traits d'un éphèbe au visage grave, aux épaules carrées, aux membres souples et vigoureux. Il se tient debout, la tête un peu inclinée, la jambe droite légèrement fléchie. Cette pose, de la simplicité la plus sévère, est aussi noble qu'aisée. On sent que la statuaire hellénique vient de franchir une étape décisive. Les formules rigides ont fait leur temps. Une connaissance plus exacte de la musculature accorde à l'imagination de l'artiste plus de liberté. Les attitudes s'animent, les contours se modulent, les mouvements se rythment. L'ère glorieuse est proche.

Phidias et Polyclète sont déjà venus quand la *Héra* du Palatin est née. Maintenant l'art hellénique est en possession de tous ses moyens. La beauté humaine et la majesté divine n'ont plus de secret pour lui. La *Héra* doit être classée parmi les plus belles créations de l'esthétique grecque. Par l'autorité du style, par l'ampleur des formes, par la richesse des draperies, elle personnifie excellemment la *Teleia* auguste, la *Regina divûm*, l'épouse magnifique de Zeus tout-puissant.

L'influence des maîtres du cinquième siècle se reconnaît encore dans l'*Aphrodite drapée;* mais on y perçoit déjà un tout autre sentiment religieux. La déesse est figurée debout, revêtue d'un long voile qui la couvre jusqu'aux pieds. Le sculpteur aurait cru en effet la profaner s'il l'avait montrée nue, comme Praxitèle osera le faire bientôt. Il a trouvé pourtant un ingénieux moyen de concilier ses scrupules de croyant et ses rêves d'artiste. Il a supposé qu'Aphrodite, occupée à sa toilette, a laissé par mégarde l'attache de sa tunique glisser au-dessous de l'épaule et découvrir un des seins. Pour le reste du corps, il l'a enveloppé dans une draperie transparente et fluide qui épouse amoureusement les formes, qui en accuse toutes les inflexions, qui en laisse deviner toutes les nuances, qui en livre tous les secrets. La technique du marbre est portée là au plus haut degré de maîtrise.

Une direction d'art plus subtile, plus recherchée, se manifeste dans le *Dionysos* d'Euphranor, ouvrage exquis par l'élégance du mouvement, par la sveltesse des contours, par la grâce moelleuse et presque féminine des galbes.

N'est-ce pas encore à quelque disciple de Praxitèle qu'il faut attribuer les deux adorables figures d'*Ariane endormie* et de *Sapho?* La première exhale un charme indicible de tendresse et de mélancolie. Est-il rien de plus séduisant que ce visage d'amante abandonnée, ces tristes yeux noyés dans le rêve, cette bouche suave qu'entr'ouvre un soupir? Et, pour n'être qu'un portrait imaginaire, l'autre figure ne traduit-elle pas merveilleusement les passions de la Lesbienne? Ce front intelligent, ces paupières lourdes, ce regard humide et ombreux, ces lèvres souples, sinueuses et fortes, tout, dans cette belle tête, respire la poésie et la volupté.

L'*Éphèbe* de Subiaco témoigne à quelle hauteur de style l'école attique du troisième siècle était capable de s'élever encore. Rome ne possède pas de marbre plus précieux. La statue représente un adolescent qui, un genou à terre et les bras tendus, paraît se défendre contre une attaque dirigée d'en haut. La pose un peu compliquée, dont l'artiste a fait choix, provoque un jeu de lignes extraordinairement flexibles et variées. De la nuque au talon, ce corps n'est qu'ondulations, cambrures, contrastes. Mais ce qui est sans prix, c'est la souplesse de ces galbes masculins, la fraîcheur de cet épiderme juvénile. Certaines parties, comme le dos, les flancs, le passage de l'aine à la cuisse, ont une saveur inimitable; elles semblent moulées sur le vif.

Le *Pugiliste au repos* nous montre l'excès de réalisme où l'influence de Lysippe a conduit peu à peu la sculpture grecque. L'œuvre est d'ailleurs aussi originale que puissante. Le combat vient de finir. Rompu de fatigue, l'athlète vainqueur s'est assis un instant pour reprendre souffle. Sa victoire lui a coûté cher, comme on le voit à ses joues excoriées, à ses oreilles meurtries, à ses gencives tuméfiées ; on dirait même que le sang coagulé lui obstrue les narines, tant il a de peine à respirer. Mais ses ripostes ont dû être effroyables, si l'on en juge par sa musculature herculéenne et par les gantelets à cercles de fer qui lui garnissent les poings. La joie d'avoir asséné les plus rudes coups, une joie bestiale et stupide, éclaire son visage de brute. A aucune époque l'art n'est allé plus loin dans la recherche minutieuse du détail exact, dans l'expression de la vérité crue.

Caché au fond d'une salle voisine, un *Hermaphrodite* poursuit son rêve sensuel. Entre toutes les images de ce type, c'est la plus parfaite. Les galbes y ondulent avec une grâce incomparable ; le modelé y est tout en nuances et en caresses. La nuque, le creux des reins, le pli des jambes sont des morceaux exquis. Par ses traits généraux, le corps est d'ailleurs absolument féminin.

La tête seule est virile, une tête charmante d'éphèbe ou de jeune dieu. L'artiste n'a donc réalisé qu'à demi le double et contradictoire idéal qu'il s'était proposé. L'unité organique manque à son œuvre. Les caractères des deux sexes y sont rassemblés ; ils n'y sont pas fondus. Au temps de la Renaissance, la vision de l'androgyne obsédera de nouveau les artistes. Léonard de Vinci reprendra le problème dont la sculpture grecque a vainement cherché la solution. Mais il le jugera trop simple encore. Pour l'agrandir à la mesure de sa pensée, il y introduira les complications infinies du monde moral ; et il créera cet être harmonieux, sensitif et troublant, être de mystère et de volupté, de langueur et d'ironie : le *Saint-Jean-Baptiste*.

A deux pas du cloître, sous les voûtes majestueuses de l'Église Sainte-Marie-des-Anges, le *Saint Bruno* de Houdon affirme que l'art moderne a su égaler l'art antique.

Le saint est représenté debout, la tête rase, les bras repliés en croix sur la poitrine, les yeux demi-clos par la méditation. Attitude, visage, draperie, tout dans cette statue signifie l'ascétisme et l'autorité. On a devant soi l'image idéale d'un grand chef monastique. La facture est superbe de largeur et de concision. Aucun détail superflu. L'essentiel seul est dit. L'œuvre accuse pourtant une observation si exacte, un sentiment si profond de la vie, qu'elle reste individuelle en étant symbolique. Houdon n'avait pas vingt-cinq ans lorsqu'il donna cette preuve de maîtrise!

PALAIS ET VILLAS

Le Palais de Saint-Marc. — La Chancellerie. — Le Palais Giraud. — La Farnésine. — Le Palais Farnèse. — Le Palais Sacchetti. — Le Palais et la Galerie Doria. — Les villas antiques. — La Villa Pamphili. — La Villa et la Galerie Borghèse.

L'extrême misère qui affligea Rome pendant le moyen âge suffit à expliquer qu'on n'y voie aucun palais de cette époque, tandis que Florence, Sienne, Pérouse, Vérone, Padoue, Venise en conservent encore de si beaux modèles.

Ce n'est guère qu'un demi-siècle après l'exil d'Avignon que les progrès du luxe et de la sécurité permirent à la noblesse romaine de vivre en des demeures d'apparat.

Le Palais Colonna, construit vers 1430, sous le pontificat de Martin V, mais que des travaux ultérieurs ont transformé, est le plus ancien de tous.

Du quinzième siècle également est le Palais de Saint-Marc, édifié par le Vénitien Paul II vers 1465 et que les ambassadeurs de la Sérénissime République habitèrent plus tard. La façade, construite selon les principes florentins, produit un effet imposant par ses créneaux altiers, par sa corniche robuste, par la simple ordonnance de sa masse compacte. La cour intérieure, inachevée, est d'un caractère tout différent. Ses deux étages d'arcades évoquent la vision d'une vie somptueuse, et témoignent ainsi de la transformation qui vient de s'opérer dans les mœurs.

Paul II fit de ce palais sa résidence préférée. Il avait réuni là une extraordinaire collection de statues, de médailles, de gemmes, de camées, d'ivoires, d'émaux. Ce Médicis vénitien fut un des meilleurs champions de la Renaissance. En appliquant à la construction de sa demeure les théories de Vitruve, il osa, l'un des premiers, rompre avec le style gothique. Et, dans sa sollicitude pour l'antiquité, il sauva d'une ruine imminente les arcs du Forum, la statue équestre de Marc-Aurèle, et les *Dioscures* de Monte-Cavallo. Cependant les humanistes ne l'aimaient guère, et ils l'ont accablé d'insultes dans leurs écrits. La vérité est qu'il les tenait à l'écart de sa cour, ne voulant payer leurs éloges au prix qu'y mettait leur infatuation.

Sous les règnes de Sixte IV et d'Alexandre VI, l'activité des architectes redouble.

En 1499, Donato Bramante, qui vient de quitter Milan, préside à la construction du Palais de Saint-Damase, destiné à loger les bureaux de la Chancellerie pontificale. Et, pour ses débuts à Rome, il crée un chef-d'œuvre. La fantaisie lombarde tempérée de raison antique pouvait seule atteindre à cette manière élégante et forte, à cette noblesse de dessin, à cette juste mesure dans la division des espaces, à cet accord parfait entre la structure et la décoration.

Au point de vue technique, le monument est d'une importance capitale. C'est la première fois que les entre-colonnements d'une façade ne sont pas juxtaposés à intervalles égaux et qu'une sorte de rythme intervient dans la succession des travées. Autre innovation : deux avant-corps à faible ressaut accusent les angles extrêmes de l'édifice, rompent la longueur des lignes horizontales et animent pour ainsi dire la muraille par les jeux de lumière qu'ils y provoquent. Quant aux ornements, ils sont répartis avec une discrétion extrême, avec le visible souci de respecter les formes principales. Mais chaque moulure, chaque détail témoigne autant de richesse dans l'invention que de pureté dans le goût.

La cour du palais est bordée par deux étages d'arcades, que surmonte un troisième étage à murs pleins, décorés de pilastres. Là encore, une raison souveraine, un sentiment exquis ont tout ordonné. L'architecture de la Renaissance n'a rien produit de plus magnifique, de plus pittoresque et de plus harmonieux.

Bramante s'est répété, d'une façon très heureuse, quand il a dressé les plans du Palais Giraud-Torlonia qui s'élève dans le Borgo Nuovo, place Scossa-Cavalli. On y retrouve, en des proportions réduites, la même beauté tranquille et noble, la même perfection dans l'ordonnance et le dessin. Peut-être le caractère expressif de la composition y est-il encore plus marqué. Jamais, en effet, les formes architectoniques n'ont parlé un langage plus clair, jamais elles n'ont plus intelligiblement énoncé les fonctions assignées aux divers organes de l'édifice. Nul doute, par exemple, quant à la destination de chaque étage. Du premier coup d'œil, nous apprenons si c'est là que le maître habite ou que les serviteurs travaillent, si c'est là que les fêtes se donnent ou que l'ordinaire de la vie s'écoule. Et, de même aussi qu'au Palais de Saint-Damase, la décoration extérieure est du goût le plus fin, avec le même accent de délicatesse et de fermeté.

Au temps de Jules II et de Léon X, Rome se couvre de palais magnifiques.

C'est l'époque où Raphaël, collaborant avec Balthazar Peruzzi, construit la Farnésine pour le banquier de Sienne, Agostino Chigi.

Cette fameuse villa s'élève au pied du Janicule, près du Tibre, en un site dont les premiers Césars appréciaient déjà la beauté, puisqu'ils y entretenaient un jardin. Résidence estivale, lieu de fête et de délassement, l'habitation n'est guère composée que de galeries et de salles spacieuses, où la lumière pénètre à flots par de grandes baies cintrées. Deux avant-corps multiplient le nombre des fenêtres et animent la façade. D'élégants pilastres à chapiteau dorique soutiennent chaque étage. L'ensemble est d'un effet pittoresque et charmant.

La décoration intérieure résume ce que l'art du seizième siècle a produit de plus parfait, étant l'œuvre collective de Raphaël, de Balthazar Peruzzi, de Sebastiano del Piombo, de Giovanni d'Udine, de Jules Romain et du Sodoma.

Le *Triomphe de Galatée* et la *Fable de Psyché* sont la part de Raphaël.

C'est en 1513, pour se reposer du travail des *Stanze*, qu'il peignit *Galatée.*

Homère, Théocrite, Ovide avaient célébré jadis la nymphe aimée d'Acis et rebelle au Cyclope. Quelques vers d'Ange Politien venaient de la remettre à la mode :

> Due formosi delfini un carro tirano.
> Sovr'esso è Galatea, che il fren corregge,
> E quei natando parimente spirano ;
> Ruotasi attorno piu lasciva gregge.

Sur un char de nacre, dirigé par l'Amour et traîné par des dauphins, Galatée demi-nue vogue à la surface des eaux. Et le vent de la mer agite ses cheveux. Autour d'elle, un groupe de tritons et de nymphes s'ébat voluptueusement. L'azur d'un ciel de Sicile remplit l'horizon.

Malgré les outrages du temps, la fresque demeure une incomparable vision de poète et d'artiste, analogue à la *Vénus débarquant à Cythère* de Botticelli, mais combien supérieure par le sentiment et l'exécution ! La plus pure grâce féminine s'incarne en Galatée. Comment décrire ce doux visage amoureux, ce corps suave et florissant, ce galbe exquis des bras et des hanches, cette finesse précise des attaches, ces belles lignes sinueuses des jambes, cette harmonie des gestes ?

Les tritons qui escortent la néréide rayonnent de force et de santé. La joie de vivre communique un élan superbe à ces dieux animaux. L'un d'eux, à gauche, enserre audacieusement une nymphe splendide qui résiste en souriant. De l'autre côté, un centaure marin emporte sur sa croupe cambrée une jeune femme nue qu'il vient de conquérir. Elle ne résiste pas, celle-ci. Une flamme sensuelle brille dans son regard. Ses tresses blondes, que la brise a dénouées, caressent la figure du monstre lascif. Elle est déjà toute à lui.

Au premier aspect, l'œuvre semble inspirée entièrement de l'antique : elle n'en procède pourtant que par le décor et par la mise en scène. La légende de Galatée n'est pour rien dans le sujet. A qui n'aurait lu ni Homère, ni Théocrite, ni Ovide, ni Politien, le tableau n'apparaîtrait pas moins expressif. On n'y reconnaîtrait pas moins clairement cette pensée maîtresse : l'éveil de l'amour au sein de la nature. Les formes non plus ne relèvent pas de l'art grec. Un idéal tout moderne s'y traduit. Par l'accent et le rythme, elles n'appartiennent qu'au Sanzio.

La *Fable de Psyché*, qui est représentée sur le plafond du vestibule, suggère les mêmes réflexions.

Par malheur, Raphaël a seulement dessiné cette vaste composition, laissant à ses élèves le soin de la peindre. La fresque a subi, en outre, une épreuve à laquelle une œuvre d'un style moins ferme n'eût certes pas résisté. D'après le plan primitif, le vestibule s'ouvrait directement au dehors, en forme de *loggia*. Exposée aux intempéries, la peinture se dégrada bientôt; l'enduit se détachait de toute part. Vers 1650, Carlo Maratti fut chargé de la restauration. Pour maintenir le *smalto*, il y enfonça plusieurs centaines de crampons qu'il dissimula, tant bien que mal, par des retouches. De là, dans le coloris, cette lourdeur, cette opacité, ces tons durs et discordants.

Une seule figure nous est parvenue intacte, et d'une qualité si magistrale qu'il est impossible de n'y pas voir un fragment peint par Raphaël lui-même, sans doute pour servir de modèle à ses disciples. C'est l'une des trois Grâces, celle qui tourne le dos en inclinant la tête, — morceau admirable par la hardiesse des lignes, par l'accord des nuances, par la saveur du modelé.

Dans les autres compartiments, il ne faut s'attacher qu'au dessin. Le génie du maître s'y marque en traits inimitables. *Vênus se plaignant à Junon, Vénus implorant Jupiter, Mercure descendant du ciel, Psyché offrant à Vénus l'eau du Styx,* enfin le *Banquet de l'Olympe* sont parmi les plus nobles œuvres du Sanzio.

Devant ces images divines, on sent les souvenirs antiques affluer en soi; on songe aux dieux d'Homère; on se récite l'inoubliable scène de l'*Iliade :* « Alors, la déesse entra dans la chambre nuptiale et ferma les portes resplendissantes. Avec de l'ambroisie, elle lava son beau corps. Puis elle se parfuma d'une huile exquise dont l'arome se répandit dans la demeure de Zeus et jusque sur la terre. Et, son beau corps étant parfumé, elle peigna de ses mains ses cheveux éclatants qui se déroulaient de sa tête immortelle. Et elle mit une ceinture frangée, que fixait une agrafe d'or. Et la grâce l'enveloppait tout entière... » On se rappelle encore les dieux sublimes de Phidias, les dieux élégants de Praxitèle, les dieux passionnés de Scopas. Mais, après toutes ces réminiscences, il faut bien reconnaître que Raphaël n'est l'obligé de personne, et que nul artiste ne fut jamais plus original ni plus libre dans sa conception de la beauté.

Le premier étage de la villa enferme le chef-d'œuvre du Sodoma, les *Noces d'Alexandre et de Roxane*. Assise au pied du lit conjugal, la vierge captive, fille du satrape de Perse, tremble à l'approche du héros terrible et séduisant que le sort de la guerre lui a donné comme époux. Trois belles esclaves se retirent de la chambre où leur tâche est finie; car Roxane est prête pour l'hymen, et des Amours soulèvent déjà ses derniers voiles. Alexandre s'avance, en costume royal, la démarche superbe, les yeux souriants. La jeune reine est une des plus séduisantes figures de femmes que la Renaissance ait créées. On y reconnaît le type cher au Sodoma. Par ses contours sveltes et pleins, par sa grâce abandonnée, par sa langueur voluptueuse, la *Roxane* de la Farnésine est sœur des *Courtisanes* du Monte-Oliveto, de la *Madone* du Brera, de la *Sainte Catherine* de Sienne. L'excellence de la facture ajoute encore à la fascination qu'exerce le tableau. Corrège n'eût pas été plus prestigieux. Seul, le maître de Parme a su imprimer au coloris tant d'éclat et de suavité.

La Farnésine, toute spacieuse qu'elle soit, n'est qu'une demeure de plaisance : le Palais Farnèse, dont le quadrangle massif se dresse sur l'autre bord du fleuve, est le type même du grand palais romain.

Le cardinal Alexandre Farnèse, qui devint pape en 1534 sous le nom de Paul III, en confia l'exécution à Antonio da San Gallo, vers 1516. Après la mort de l'artiste florentin, Michel-Ange, Vignole et Giacomo della Porta terminèrent son œuvre.

La façade est une des plus imposantes créations de l'architecture moderne, on pourrait même dire une des plus nobles, si le caractère de force n'y prévalait sur le caractère de beauté. Les rudes bossages des angles et de la porte, l'épaisseur des murs, la saillie des chambranles impriment au soubassement un air de forteresse. L'élégance n'apparaît qu'au premier étage, dans les colonnes qui encadrent les fenêtres et dans le fronton qui les surmonte. Mais là encore, de même qu'à l'étage supérieur, l'aspect général reste sévère, à cause de la prédominance des surfaces nues. La corniche, dessinée par Michel-Ange, couronne puissamment la devanture, qui s'achève ainsi par une expression de calme et de majesté.

Un ample vestibule, à voûte caissonnée, conduit à la cour du palais qui est le chef-d'œuvre de San Gallo. Trois étages, dont deux en arcades, se superposent, ayant chacun leur ordre particulier. Les deux rangs inférieurs peuvent être mis, sans désavantage, en parallèle avec le Théâtre de Marcellus; ils ne lui cèdent rien pour la justesse des rapports, la beauté des profils, la convenance et le goût des ornements. Par malheur, Michel-Ange a rompu l'harmonie des façades en appliquant au dernier étage un système capricieux de fenêtres et de trumeaux à pilastres corinthiens.

La décoration intérieure du palais correspond à son importance architectonique. Les appartements d'honneur sont plafonnés de caissons que leur monochromie n'empêche pas d'être fastueux, tant ils sont larges de style et richement ciselés.

Mais la plus belle parure de l'édifice est dans les fresques dont Annibal Carrache a orné la galerie des fêtes (1575). L'artiste bolonais a évoqué là tout le cycle des amours mythologiques, — les amours de Jupiter et de Junon, d'Anchise et de Vénus, d'Andromède et de Persée, de Diane et d'Endymion, d'Hercule et d'Iole, de Bacchus et d'Ariane, d'Acis et de

Galatée, singuliers sujets pour la demeure d'un cardinal.

Cette vaste peinture est unique dans l'œuvre de Carrache. Inspirée des grandes œuvres classiques, elle s'en rapproche par son ordonnance magistrale et son dessin parfait. Ce qui manque principalement à ces figures, c'est le souffle de la vie. Un caractère trop général les marque toutes. On devine, à travers elles, leur froide et abstraite postérité, la tyrannie prochaine du modèle d'atelier, l'ennuyeux règne du genre académique. Ce qui leur manque plus encore, c'est l'expression morale. Pour s'en convaincre, il suffit d'avoir présente à l'esprit la *Galatée* de la Farnésine. Comparée à la nymphe de Raphaël, à cette fleur exquise de tendresse féminine, la nymphe de Carrache n'est qu'une belle fille voluptueuse qui s'abandonne à son amant. Le geste audacieux du triton qui la saisit n'a rien qui l'effarouche, et le léger voile ajouté plus tard sous les doigts du monstre ne la rend pas plus chaste. Et s'il fallait un autre exemple, la déesse Junon, que le maître de l'Olympe attire sur sa couche, est-elle assez peu divine! Ce n'est qu'une très agréable mondaine qui remplit avec insouciance son métier de jolie femme, où elle excelle d'ailleurs ; car il est impossible de savoir mieux se déshabiller.

En comparaison du Palais Farnèse, le Palais Sacchetti, situé *Via Giulia*, semble bien modeste. Il résume cependant tout l'art de San Gallo ; il suffirait à le caractériser.

L'architecte l'avait construit pour lui-même, dans l'intention d'y achever ses jours (1543). La *Via Giulia*, créée sous Jules II, était alors la plus belle voie de Rome. Partant du *Ponte Sisto*, elle s'allongeait en droite ligne, parallèlement au Tibre, jusqu'à Saint-Jean-des-Florentins. La cour intérieure de la maison ouvrait sur un jardin, que terminait une *loggia* bâtie au bord même du fleuve et d'où la vue embrassait le Janicule, Saint-Onuphre, la villa Barberini, la coupole de Saint-Pierre, — un merveilleux panorama.

Le plan de l'édifice est fort simple, mais d'une logique et d'une convenance parfaites. La façade qui borde la rue est remarquable par l'élégance de ses lignes et le juste rapport de ses parties. Même pureté de style dans les détails. Certains motifs, comme les moulures de la corniche, les chambranles de la porte, les bandeaux et les consoles des fenêtres, sont du goût le plus délicat.

Sous le règne de Sixte-Quint et pendant les premières années du dix-septième siècle, Rome achève de se transformer en cité moderne. La fièvre de bâtir atteint son plus haut période.

C'est le temps où l'on voit s'élever les Palais Borghèse, Corsini, Chigi, Spada, Rospigliosi, Barberini, Sciarra, tant d'autres encore. Mais la décadence prochaine de l'architecture se trahit déjà dans ces constructions; l'école romaine devient peu à peu indifférente aux qualités de mesure, de finesse et d'harmonie. Ce qui prédomine chez l'artiste, c'est le souci d'imprimer à son œuvre un aspect monumental, un air d'opulence et de majesté.

Le Palais Barberini, dû à la collaboration de Carlo Maderna, de Borromini et de Bernin, peut être cité comme le modèle du genre nouveau. Il a certes grande allure au dehors, et l'ordonnance intérieure est magnifique; mais la décoration abonde en fautes de goût.

Ces caractères sont encore plus marqués dans le Palais Doria, ou du moins dans la partie de l'édifice qui fut construite vers 1655 par Valvasori; car les bâtiments élevés sur la cour datent du pontificat de Jules II et rappellent le style de Bramante. L'énorme façade qui se déploie sur le Corso est tout ce qu'on peut imaginer de plus exubérant et de plus contourné.

La transformation qui vient de s'accomplir dans l'état social explique cette architecture d'apparat. Le concile de Trente a changé les sentiments et les pensées. La Rome des Borghèse et des Pamphili n'a rien de commun avec celle de la Renaissance. Une vie de loisirs et de réceptions, un faste inouï, un cérémonial monarchique, peu d'exercices corporels, nulle activité politique, l'activité intellectuelle réduite aux amusements littéraires, la religion devenue toute mondaine et tournant au sensualisme mystique, une corruption profonde sous des formes très élégantes, l'art de jouir porté à un raffinement suprême, — tels sont les caractères principaux de la société nouvelle. On y reconnaît l'influence de l'Espagne qui, déjà maîtresse de Naples et de Milan, domine moralement l'Italie entière.

Le temps de Paul V, d'Urbain VIII et d'Innocent X n'est certes pas une époque de goût. Mais, pour n'être plus senties avec autant de délicatesse qu'au siècle antérieur, les belles choses ne sont pas moins recherchées. Il n'est prince qui ne possède une galerie de peinture. Un musée est l'ornement nécessaire d'un palais. Dans ces longues files de pièces, dans ces salons immenses, les tableaux s'accumulent par centaines. Les Sciarra, les Barberini, les Doria, les Borghèse rivalisent à qui exhibera le plus de chefs-d'œuvre sur les murs de ses appartements.

La Galerie Doria est le type de ces collections. Elle compte près de cinq cents toiles. Dans ce nombre, trop de Carrache et de Guido Reni, trop de Maratta et de Lanfranco; mais une charmante *Madone* de Rondinelli, peinte dans une tonalité chaude qui fait penser à Jean Bellin; — une brillante esquisse du Corrège, l'*Allégorie de la Vertu;* — le fameux portrait de l'*Amiral André Doria*, par Sebastiano del Piombo, merveilleuse image où la froide et taciturne volonté du grand Génois se révèle toute; — un des premiers tableaux du Titien, une *Salomé,* poétique et voluptueuse comme une vision de Giorgione; — deux paysages de Claude Lorrain, le *Moulin* et le *Temple d'Apollon*, prestigieux décors où l'harmonie des couleurs, la transparence des ombres, la douceur des reflets, la fuite des lointains, la limpidité des ciels, la fraîcheur des eaux, trahissent une des âmes les plus sensibles à qui la nature ait jamais confié son secret; — enfin, la perle de la collection, le portrait d'*Innocent X* par Velasquez, œuvre surprenante de vérité morale et d'accent individuel, œuvre plus extraordinaire encore par la franchise et la liberté du travail, par la décision de la touche, par la richesse et la résonance des tons ; à aucune époque, la peinture n'a parlé un langage plus magnifique, plus ferme et plus vibrant ; l'art de peindre a dit là son dernier mot.

Les villas sont, comme les palais, un indice de l'état social qui s'est fondé à Rome vers la fin de la Renaissance. La plantation des unes s'inspire des mêmes principes, s'adapte au même genre de vie que la construction des autres. L'ordonnance du parc est en liaison étroite avec celle des bâtiments. Le jardin n'est, pour ainsi dire, qu'un prolongement des salons.

La nature libre est exclue d'ici. Parterres, allées, bosquets, pièces d'eau, tout le décor obéit aux lois de la perspective et de la géométrie. Des lignes de grands pins jalonnent les axes principaux, couronnent les hauteurs, ferment les arrière-plans. Des haies au feuillage opaque, myrtes, buis ou lauriers, simulent des surfaces murales. Des files parallèles de chênes verts se recouvrent en voûte. Des avenues de cyprès se déploient comme des portiques. Enfin, çà et là, des escaliers, des balustres, des hémicycles, des vasques, des urnes, des cariatides, des hermès, toute une parure de marbre, achèvent d'imprimer à l'ensemble un caractère architectonique.

Rome antique n'avait pas conçu autrement le dessin de ses parcs. L'idée lui en était venue d'Asie, au temps des guerres contre Mithridate. Les premiers jardins aménagés dans le style oriental furent ceux de Lucullus, le vainqueur du roi de Pont : ils s'étendaient sur l'emplacement actuel du Pincio. On les copia de toute part, en rivalisant de grandeur. Salluste et Mécène déployèrent une magnificence inouïe dans leurs villas du Quirinal et de l'Esquilin. Sous les Césars, la superficie et la somptuosité des jardins s'accrurent encore. Mais le principe architectural continua d'y prévaloir. Distribution géométrique, perspectives closes, décors de terrasses, de statues et d'exèdres, tout le plan général fut maintenu. Le parc fut toujours considéré comme une extension des bâtiments, comme une adaptation de la nature aux commodités de la vie sociale. Pline le Jeune, voulant faire l'éloge d'un jardin, écrivait : « C'est un ouvrage très civil » : *opus urbanissimum*.

Reprise par la Renaissance, cette conception

n'a reçu tout son développement qu'au dix-septième siècle, sous l'influence de Fuga, de Borromini, de Maderna, de l'Algarde, de Lenôtre enfin, qui allait bientôt appliquer à Versailles les formules italiennes.

Durant trois siècles, les Villas Pamphili, Borghèse, Ludovisi, Negroni, Mattei, Sciarra, Corsini, Médicis, Albani, ont fait à Rome la plus glorieuse des parures, — une parure telle que nulle ville au monde n'en a possédé jamais. Sous le prétexte d'améliorer la voirie urbaine et d'ouvrir des quartiers neufs, une administration stupide a osé naguère soumettre à ses plans quelques-uns de ces jardins grandioses. Le niveau, la pioche et la hache ont commis d'irréparables dommages. Des villas ont disparu complètement. La plus noble des résidences patriciennes, la Villa Ludovisi, dessinée par Lenôtre, consacrée par Gœthe, n'a même pas trouvé grâce devant les profanateurs : elle a péri tout entière.

Parmi celles qui sont demeurées intactes, la Villa Borghèse et la Villa Pamphili gardent leur ancienne primauté. La végétation y est incomparable lorsque arrive le printemps. D'énormes chênes verts, aux membres tordus, au feuillage obscur et luisant comme du bronze, remplissent d'ombre les allées. Des buis, plus noirs encore, font çà et là des retraites de mystère, des refuges de silence religieux. Des pins géants portent avec une fierté suprême leurs amples couronnes violacées, qui ondulent continuellement. Des cyprès minces, rigides, altiers, se profilent dans l'azur comme des stèles hiératiques. Des platanes majestueux, des saules élégiaques, de pâles eucalyptus habitent les fonds, au voisinage des fontaines murmurantes et des lacs dormants. Sur l'herbe nouvelle, les anémones et les cyclamens fleurissent par milliers. De distance en distance, la blancheur d'un marbre s'aperçoit dans la verdure. Tantôt c'est un hermès solitaire ou une colonne rompue. Tantôt c'est un balustre qu'enlace un lierre, ou un sarcophage duquel surgit un rosier. Mais ce qu'on ne peut décrire, c'est l'atmosphère qui enveloppe toutes ces choses et qui en fait l'harmonie, une atmosphère diaphane, subtile, vibrante, jamais dure ni sèche, toujours fluide, au contraire, et toujours veloutée.

Ces belles villas semblent n'avoir été créées que pour servir de cadre à la rêverie voluptueuse et à la jouissance esthétique. Dès les premiers pas qu'on y fait, une étrange paresse envahit l'esprit. La moindre association d'idées impose un incroyable effort. On n'entend plus parler en soi que le cœur et les sens. Chaque pensée qui vient s'achève en image ou se transpose en émotion.

La Villa Borghèse ajoute à la beauté de son décor pittoresque la possession d'un trésor d'art : la collection de statues et de tableaux qui ornait jadis le palais de la *Via Fontanella*.

Tout le rez-de-chaussée du *palazzetto* est rempli de marbres antiques, dont une vingtaine, pour le moins, figureraient avec honneur dans les plus riches musées : par exemple, un buste archaïque de jeune femme, œuvre curieuse par la recherche de l'expression individuelle, par le travail délicat de la chevelure, par l'effort visible du sculpteur pour rompre avec les modèles primitifs, pour introduire un peu de grâce et de fantaisie dans le type féminin ; — un torse de *Faune*, tout frémissant de vie et superbe de mouvement ; — deux belles répliques de l'*Aphrodite* d'Alcamène et du *Satyre au repos* de Praxitèle ; — un *Méléagre*, moins pur de lignes que celui du Vatican, mais non moins souple et robuste ; — un dramatique bas-relief, inspiré sans doute d'une peinture grecque et représentant *Cassandre* éplorée au pied de l'autel de

Pallas d'où Ajax en fureur la vient arracher; — un *Satyre dansant,* qu'on ne se lasse d'admirer pour ses galbes sveltes, pour ses muscles fins et tendus, pour l'ivresse nerveuse que lui communique sa danse; — une *Sapho,* exquise de langueur sensuelle; — enfin un *Hermaphrodite,* merveilleux d'élégance et de perversité. Quelques statues modernes se mêlent çà et là aux statues antiques. Bernin est représenté par l'une de ses premières productions, *Apollon et Daphné,* œuvre d'une facture un peu molle mais dans laquelle l'artiste a très ingénieusement repris un problème déjà traité par l'école hellénistique : fondre en un seul être la flexibilité des formes féminines et celle des formes végétales. Plus loin, Canova nous montre *Pauline Borghèse,* demi-nue, étalant avec une impudeur tranquille, avec une insouciance païenne, son impeccable beauté.

La galerie de peinture occupe l'étage supérieur du *palazzetto.*

L'art du quinzième siècle n'y compte qu'un petit nombre d'œuvres, dont la principale est une *Madone* de Lorenzo di Credi. L'artiste florentin s'y révèle un des plus fins coloristes de son temps, un des peintres qui ont mis le plus de tendresse et de charme dans l'expression du sentiment religieux. Par malheur, les formes y sont accusées avec une rondeur excessive, avec une sorte d'affectation plastique où l'on reconnaît l'ancien élève du sculpteur Verocchio.

La *Mise au tombeau,* de Raphaël, ouvre glorieusement la série du seizième siècle. A vrai dire, l'enthousiasme que cet ouvrage excitait jadis et qui, de Vasari à Winckelmann, l'a fait qualifier de « divin », nous étonne aujourd'hui quelque peu; on ne saurait nier assurément la perfection du dessin et la noble façon des draperies. Mais l'inhabileté de l'ordonnance, la sécheresse de la couleur, le maniérisme de l'expression nous obligent à nous rappeler que ce fut là, sinon une œuvre de jeunesse, du moins le premier essai du Sanzio dans la grande composition picturale. Ce qui demeure extraordinaire, ce qui tient du prodige, c'est que, un an plus tard, la même main allait être capable d'exécuter la fresque magistrale du *Saint-Sacrement.*

Les écoles de la haute Italie sont de beaucoup les mieux représentées dans la collection. Une tête de *Jeune femme*, dessinée par le Vinci, résume toute la finesse, toute la grâce d'un visage féminin. Si le maître lombard n'a livré à aucun de ses élèves le secret de son libre et puissant génie, du moins a-t-il profondément agi sur leur sensibilité, comme en témoignent les deux figures de *Christ* peintes par ses disciples immédiats, Solario et Marco d'Oggiono.

L'école milanaise pourrait également revendiquer deux œuvres du Sodoma, où l'influence de Léonard est manifeste, — une *Léda*, splendide fleur de songe et de sensualité, symbole de l'éternelle coupable, de l'éternelle fascinatrice, — et une *Sainte Famille*, dont la Vierge mérite d'être comparée, pour son type rêveur et tendre, aux plus suaves créations du Bazzi.

Après Milan, Ferrare. Une magnifique *Adoration* de Mazzolino, une romanesque *Circé* de Dosso Dossi, sans compter les ferventes *Madones* de Garofalo, attestent l'immense progrès que les successeurs des Cosimo Tura, des Bianchi et des Lorenzo Costa venaient d'accomplir, sous le rapport de la couleur et du sentiment.

Le magicien de Parme nous montre, dans une salle voisine, sa délicieuse *Danaé,* qui, avec l'*Antiope* du Louvre et l'*Io* de Vienne, complète la triade des mortelles aimées par le Roi des dieux. Éveillée en sursaut, la fille d'Acrisius écarte la main d'un Amour qui achève de la dévoiler. Une ombre chaude, ambrée, diaphane, emplit l'alcôve, d'où le jeune corps émerge, adorable de contours, frémissant de pudeur, tout imprégné de lumière. Le Corrège a choisi pour type, non pas une femme épanouie, une superbe courtisane, comme celle que Titien évoquera plus tard sous une pluie d'or, mais une vierge, presque une enfant. Le tableau est de premier ordre, par l'entente du clair-obscur, par la résonance harmonieuse des tonalités. Rien de plus doux et de plus brillant à la fois que cette chair juvénile. Rien de plus gracieux que ces lignes ondulantes, ces galbes tout en caresses, cette épaule fine, cette gorge qui vient de naître, ces flancs étroits, ces jambes effilées. Aucun peintre, sauf Prudhon, n'a senti à ce degré la séduction des formes demi-écloses, le charme des êtres en qui la vie s'apprête à fleurir.

L'école de Venise couronne magnifiquement la collection. Deux chefs-d'œuvre du Titien sont là, le premier et le dernier de ses chefs-d'œuvre ; car l'un, *l'Amour profane et l'Amour sacré,* date de 1508, c'est-à-dire d'une période où l'artiste n'avait encore d'autre idéal que d'imiter Giorgione, — et l'autre, *l'Équipement d'Éros*, a été peint vers 1566, alors que le maître touchait à l'extrême veillesse. Admirable pour l'éclat du coloris, pour la franchise et la générosité de la facture, ce second tableau est pourtant éclipsé par l'œuvre précédente.

L'Amour profane et l'Amour sacré est une de ces compositions qu'on ne décrit pas et surtout qu'on n'explique pas. Que signifient ces deux belles jeunes femmes assises au bord d'un puits? L'une, vêtue d'habits lourds et somptueux, une branche de jasmin autour des cheveux, promène devant elle un regard triste et las, tandis qu'un bouquet de roses se fane entre ses doigts gantés. L'autre, nue, les jambes un peu croisées, la figure pensive, tient de la main gauche un vase d'où s'élève une vapeur de parfum. Derrière elles, un Amour à la mine sérieuse agite nonchalamment l'eau du bassin. Dans le fond, une campagne enchanteresse déroule jusqu'à la mer ses horizons bleuâtres. A l'origine, le tableau n'était désigné que par ce titre : « Deux femmes dans un paysage ». Le titre actuel fait mieux ressortir assurément l'énigmatique antithèse que renferme le sujet; mais il interprète à contre-sens la pensée de l'artiste. La jeune femme vêtue, en qui l'on a voulu reconnaître le symbole de l'amour sacré, n'a rien de religieux, rien de mystique. Elle n'est pas moins profane que la belle créature nue qui lui est opposée. Un costume si fastueux, une coiffure si élégante, une recherche si raffinée dans la toilette, n'indiquent pas une âme que le souci des choses divines absorbe uniquement. Cette aimable personne n'est qu'une mondaine, une charmante patricienne, dont le cœur grave et tendre s'est fermé pour jamais après quelque blessure secrète, et dont le froid visage semble dire : « Tout ce que j'ai tenté a échoué. Toutes les fleurs de mes rêves se sont fanées, comme ces roses qui se flétrissent entre mes doigts ». Pour un peu, elle répéterait le mot de Marguerite d'Écosse : « Fi de la vie! Qu'on ne m'en parle plus! » La signification de l'autre figure n'est pas moins imprécise. Sur le seul indice de sa nudité, on a présumé qu'elle symbolisait l'amour charnel. Mais toute sa personne dément cette attribution. Elle est aussi calme et harmonieuse que la passion physique est violente et désordonnée. Elle n'a, des amantes sensuelles, ni le regard humide, ni les galbes cambrés, ni les muscles nerveux. Ses seins, à peine marqués, ne respirent que la plus douce volupté. Rien de lascif ni d'impur ne se trahit en elle. Jusque dans son dévêtement, elle garde une décence parfaite. Donc, ici encore, l'intention exacte du peintre nous échappe. Peut-être, à vrai dire, n'a-t-il pas eu d'intention, sinon de faire œuvre de beauté. Il ne faudrait donc voir dans cette peinture qu'une effusion de lyrisme, une sorte de rêverie mêlée de tristesse et d'amour. L'artiste fera plus tard de sa palette un emploi plus chaleureux et plus savant. Mais il ne trouvera plus cette note émue, cette poésie pénétrante, cet accord mélodieux de la forme et du sentiment.

LES FONTAINES

Les eaux de Rome antique. — Les ouvrages de la Renaissance. — L'art des fontaines aux dix-septième et dix-huitième siècles.

Les fontaines sont parmi les joyaux de Rome. Elles l'ornent de fraîcheur et d'éclat, — une fraîcheur écumeuse et fluide, un éclat scintillant et sonore qui, par les matinées diaphanes de printemps, vous mettent de la joie dans l'âme pour la journée entière. Aucune ville au monde ne s'est composé une si radieuse parure d'eaux.

Dès l'antiquité, les Romains avaient la passion de ce luxe. Ils la tenaient du grand édile Agrippa, l'ami et plus tard le gendre d'Auguste. Les ouvrages hydrauliques formaient assurément la partie la plus originale de ses immenses travaux. En trois années de magistrature, il avait construit à ses frais deux aqueducs, cent trente réservoirs, une naumachie, des thermes, des piscines, enfin deux cents vasques aux gerbes jaillissantes, le tout décoré de trois cents colonnes et quatre cents statues. Les successeurs d'Auguste cherchèrent à le surpasser dans ce genre d'entreprises. Caligula et Claude élevèrent deux nouveaux aqueducs, dont le débit seul égalait l'afflux total des adductions antérieures. Sous Trajan, la capitale ne comptait pas moins de treize cents fontaines alimentées par onze aqueducs.

Jusqu'à son extrême déclin, Rome eut l'orgueil de ses eaux. Elles furent son dernier faste et sa dernière gaîté. Mais, en 537, les Goths de Vitigès, maîtres de la campagne suburbaine, résolurent d'assoiffer la ville pour l'obliger à se rendre. Ils rompirent les longues files d'arches, dont les débris font encore si grande figure dans la plaine latine. Le coup fut mortel à Rome. De ce jour, elle devint l'affreux désert qu'elle resta durant tout le moyen âge. Quand, après neuf siècles, les papes de la Renaissance voulurent la ressusciter, leur premier soin fut de lui rendre ses eaux. Elle se ranima soudain comme par enchantement.

D'une infinie variété de formes, les fontaines de Rome doivent leur principal attrait à l'harmonie parfaite qui règne entre leur ordonnance et le site qu'elles occupent, entre leur structure et le volume liquide qu'elles déversent. Les architectes et sculpteurs romains ont fait preuve, à cet égard, d'un sentiment très délicat et d'un art consommé. Leurs conceptions les plus simples sont peut-être celles où ils ont déployé le plus de talent.

La vasque de marbre qui s'élève devant la Villa Médicis est caractéristique sous ce rapport. Le constructeur ne disposait que d'un mince filet d'eau, à peine sourdissant. Par contre, la place qui lui était assignée domine un des plus majestueux panoramas de Rome. Dans ces conditions ingrates, il a créé pourtant une œuvre exquise, par l'ingéniosité avec laquelle il a su combiner les galbes de la vasque, l'encadrement des verdures, la perspective des lointains et jusqu'aux reflets du ciel sur la nappe ondulante de la coupe.

Les deux fontaines qui ornent la Place de Saint-Pierre et celles qui précèdent le Palais Farnèse, — pour n'en pas citer d'autres, — sont remarquables au même titre. Leur forme ni leur détail n'offre en soi rien d'extraordinaire. Toute leur beauté leur vient de leur juste rapport avec l'espace qui les entoure, de leur étroite liaison avec le décor architectural qui leur sert de fond.

Ces qualités de mesure et de convenance ne sont pas moins sensibles dans les fontaines où la statuaire joue le rôle prééminent.

Le modèle du genre est la Fontaine des Tortues, qui s'élève en face du Palais Mattei. Exécutée en 1585 par Giacomo della Porta et Taddeo Landini, elle se compose d'une vasque autour de laquelle sont groupées quatre sveltes figures d'adolescents. Chacun d'eux tient dans la main une tortue qui s'abreuve au bassin supérieur. L'ensemble est d'une légèreté, d'une finesse et d'une élégance toutes florentines.

La Fontaine du Triton, qui marque le centre de la Place Barberini, laisse dans le souvenir une impression plus vive encore. Bernin a élevé, sur les queues réunies de quatre dauphins, une large coquille bivalve, du milieu de laquelle un triton jovial lance, au travers d'un buccin, un jet d'eau aigu et vibrant comme une flèche. La liberté de la facture et la contorsion des lignes suffiraient à désigner l'auteur. L'œuvre entière est surprenante de fantaisie et d'animation.

Mais ce ne sont pas ces ouvrages-là, trop simples pour le goût public, ce sont les fontaines monumentales qui ont fait la renommée des constructeurs romains. On retrouve dans celles-ci tous les caractères du style qui a prévalu vers la fin du seizième siècle et qui a régné jusqu'au dix-huitième ; on y reconnaît cet esprit de grandeur qui a inspiré les palais pontificaux et les villas princières de l'époque ; on y constate le même système de reliefs puissants, d'organes multiples, d'accessoires accumulés, enfin et surtout la même recherche de l'illusion pittoresque. Par leur magnificence et leur nouveauté, ces fontaines ont provoqué l'enthousiasme des contemporains. Les poètes les ont célébrées à l'envi. Le Tasse leur a consacré quelques-unes de ses plus belles stances :

> Acque, che per camin chiuso e profondo
> E per vie prima ascose il piè movete,
> . . . .

Maderna, Fontana et Bernin ont été les virtuoses de cet art.

On doit aux deux premiers la belle Fontaine Pauline, qui se dresse au point culminant de Rome, au sommet du Montorio. C'est une ample et haute façade que décorent six colonnes ioniques, enlevées au Forum de Nerva. Des torrents d'eau bouillonnante se précipitent par les ouvertures des portiques ; deux minces rivières s'écoulent paisiblement par les niches des côtés. Les armes des Borghèse, ajustées au fronton, donnent à l'édifice l'aspect d'un immense arc triomphal. La masse imposante de la structure ajoute encore à la grandiose beauté du site.

L'œuvre maîtresse de Bernin est la fontaine centrale de la Place Navone. Un obélisque de granit rouge s'élève sur une île de rocaille, au centre d'une vasque circulaire. Les eaux de quatre grands fleuves, personnifiés par des statues, s'échappent du récif. Des quadrupèdes allégoriques piaffent dans le bassin. Toute cette composition n'est, à vrai dire, qu'une pièce d'apparat, pleine de surcharges et de bizarreries. Mais on ne pense guère à la critiquer, tant l'œil est séduit par son aspect brillant et mouvementé.

C'est encore à Bernin qu'il faut attribuer la Fontaine de Trevi; car il en avait esquissé les motifs principaux, avant que Niccolo Salvi arrêtât son plan. Debout sur un char traîné par des chevaux marins et guidé par des tritons, Neptune est représenté sortant de son palais. Un ordre somptueux de colonnes corinthiennes se développe devant la demeure divine, qui a pour base un lit de rochers. Des statues et des bas-reliefs ornent la façade. Trois inscriptions commémoratives, gravées en beaux caractères romains, se déroulent sur l'attique et les architraves. Le jeu des eaux est merveilleux d'abondance et de variété. Aucune fontaine de Rome n'en possède un pareil. L'onde ruisselle, déborde, jaillit de toute part. Les coursiers océaniques galopent dans l'écume. Le dieu s'avance au travers d'une vapeur d'argent. Sous l'éclat des soleils d'été, ce décor mythologique s'anime prestigieusement. On dirait une invention de l'Arioste, une de ces féeries éblouissantes dont l'Italie raffola durant deux siècles.

LA CAMPAGNE ROMAINE

Le paysage latin. — La Voie Appienne.

Ce n'est pas Chateaubriand, comme on l'a trop souvent écrit, c'est Nicolas Poussin qui a découvert la Campagne romaine. L'inventeur du paysage historique est le premier qui ait aperçu la beauté de l'*Agro romano*. Personne avant lui n'avait remarqué la grandeur de l'horizon latin, la noblesse de ses lignes, le charme de ses nuances, la poésie de sa désolation.

En 1551, Joachim du Bellay, l'ami de Ronsard, le chantre des *Antiquités de Rome,* n'avait vu dans la Campagne « qu'une poudreuse plaine » et « un grand amas pierreux ».

Trente années plus tard, Montaigne, arrivant à Rome par la route de Viterbe, n'avait pas eu meilleure impression : « Rome, dit-il, ne nous faisait pas grand montre à la reconnaître de ce chemin. Nous avions loin, sur notre main gauche, l'Apennin; le prospect du pays malplaisant.

bossé, plein de profondes fendasses; le terroir nu, sans arbres, une bonne partie stérile; le pays fort ouvert tout autour, plus de dix milles à la ronde, et quasi tout de cette sorte... » Cinq mois de résidence à Rome ne modifièrent pas cette impression d'arrivée. Pourtant, la majesté des souvenirs anciens avait profondément ému le voyageur. Il avait senti partout la vie du passé renaître devant lui et se rattacher à celle du présent. Mais l'intelligence historique, si vive qu'elle fût chez Montaigne, ne pouvait suffire à lui faire comprendre le désert romain. Il aurait fallu y joindre un sens dont il était dépourvu radicalement : le sens pittoresque (1).

Pour la même raison, les littérateurs qui ont visité Rome aux dix-septième et dix-huitième siècles ont traversé la Campagne sans la voir. Ni Balzac, ni Voiture, ni Milton, ni Addison, ni Gray ne l'ont jugée digne d'un regard. En 1739, le président de Brosses écrit : « Savez-vous ce que c'est que cette campagne fameuse? C'est une quantité prodigieuse et continue de petites collines stériles incultes, absolument désertes, tristes et horribles au dernier point. Il fallait

(1) Montaigne, visitant la chute du Rhin à Schaffhouse, n'y trouve rien à remarquer, si ce n'est « qu'elle interrompt la navigation ».

que Romulus fût ivre quand il songea à bâtir une ville dans un terrain aussi laid ».

Mais, à quelque vingt ans de là, Rousseau ouvre les yeux de ses lecteurs au spectacle de la nature; il leur enseigne à contempler un paysage, à l'animer de leurs sentiments personnels, à en faire le cadre et le complice de leurs rêveries.

Pénétré de cette grande leçon, Chateaubriand vient à Rome en 1803. Du premier jour, la Campagne romaine l'émeut, l'éblouit, le transporte. Et, par des procédés que la littérature ignorait encore, avec une largeur de touche et une puissance de coloris auxquelles Poussin lui-même n'avait pu atteindre, il compose la *Lettre à Fontanes*. Les caractères essentiels du pays latin sont fixés maintenant pour jamais : quand Byron, Lamartine, Stendhal, Taine, Ruskin, le décriront à leur tour, ils n'y ajouteront rien. L'exécution seule différera. Sous la diversité des styles, on retrouvera le même tableau.

Ce que Chateaubriand a vu, en effet, d'une manière définitive, c'est le double aspect physique et moral de la Campagne romaine. Elle est belle, tout à la fois, par ce qu'elle montre et par ce qu'elle suggère. Sa configuration naturelle est le premier secret de sa beauté.

Fût-elle sans histoire et sans nom, cette plaine inculte composerait encore un admirable spectacle par l'immensité de son étendue, par l'ampleur de ses ondulations, par le noble profil de ses montagnes lointaines, par la limpidité de sa lumière, par la délicatesse de ses ombres errantes, par cette vapeur d'améthyste et d'or qui, vers le soir, s'élève sur les derniers plans. Mais le plaisir des yeux s'accroît d'une émotion profonde, lorsqu'on pense au drame humain que ces grands espaces muets ont vu se dérouler jadis, drame gigantesque, la plus merveilleuse des aventures, le plus fascinant des rêves! En aucun lieu du monde la vie n'a été si ardente, si forte, si créatrice. Nulle part l'homme n'a connu des passions si énergiques, des désirs si impérieux, des haines si tenaces, une telle volonté de jouissance et de domination. A l'inverse, nulle part il ne s'est tant dévoué, tant sacrifié; nulle part il n'a si pleinement goûté la joie de mourir pour une grande cause.

La Voie Appienne évoque, avec une éloquence extraordinaire, tout ce passé mort. A perte de vue, les tombeaux écroulés bordent la route. Çà et là, un débris de marbre, épitaphe, moulure ou bas-relief, fait saillie dans l'herbe parmi les acanthes, les fenouils et les ronces. Le dallage du chemin est encore tel qu'au temps où il résonnait sous le pas rythmé des légions en marche. Au loin, dans la plaine, les aqueducs rompus s'allongent lugubrement vers la Sabine, pareils à des Titans blessés qui feraient effort pour regagner leur montagne. De toute part, c'est le silence, la solitude et la ruine. Même dans l'éclat du jour, le paysage est morne. Il devient tragique aux approches du soir. L'incandescence des soleils couchants jette sur lui comme un linceul de pourpre : on croit assister à un désastre immense, à l'agonie d'un empire, à l'hécatombe d'un peuple. L'évanouissement de la lumière est d'une mélancolie désespérée qui touche au sublime. On ne s'attarde pas impunément à un tel spectacle. Un froid subtil vous pénètre le cœur ; une tristesse infinie vous accable. Il semble que tout ce qu'on aime va mourir.

FIN

TABLE DES MATIÈRES

LE FORUM

LE PALATIN

LE CAPITOLE

LE COLISÉE

LE PANTHÉON

LE FORUM DE TRAJAN

LES THERMES DE CARACALLA

LES CATACOMBES DE SAINT-CALLISTE

SAINT-CLÉMENT

SAINTE-PUDENTIENNE

SAINTS-COSME-ET-DAMIEN

SAINTE-MARIE-L'ANTIQUE

SAINTE-MARIE-*IN-COSMEDIN*

SAINTE-PRAXÈDE

L'AVENTIN

SAINT-SABAS, SAINTE-BALBINE, SAINTS-NÉRÉE-ET-ACHILLÉE, SAINT-CÉSAIRE

SAINT-JEAN-DE-LATRAN

I. — LA BASILIQUE

II. — LE MONASTÈRE

III. — LE BAPTISTÈRE

IV. — LA *SCALA SANTA* ET LE *TRICLINIUM*

SAINTE-MARIE-DU-PEUPLE

SAINT-PIERRE-DU-VATICAN

LE VATICAN

I. — L'ORATOIRE DE NICOLAS V

II. — LES APPARTEMENTS BORGIA

III. — LA CHAPELLE SIXTINE

IV. — LES CHAMBRES, LES LOGES ET LA PINACOTHÈQUE

LA CITÉ LÉONINE

SAINT-ONUPHRE

SAINTE-MARIE-DE-LA-PAIX

SAINT-PIERRE-*IN-MONTORIO*

SAINT-PIERRE-AUX-LIENS

LE *GESÙ*

SAINT-LOUIS-DES-FRANÇAIS

SAINTE-MARIE DE LA VICTOIRE

PALAIS ET VILLAS

LES FONTAINES

LA CAMPAGNE ROMAINE

FIN DE LA TABLE DES MATIÈRES

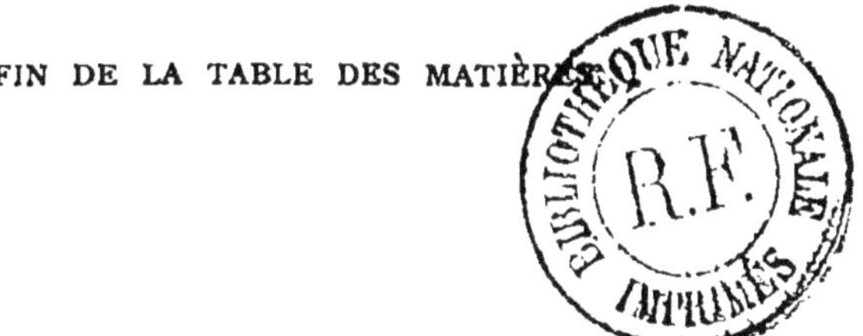

PARIS
TYPOGRAPHIE PLON-NOURRIT ET Cie
8, rue Garancière

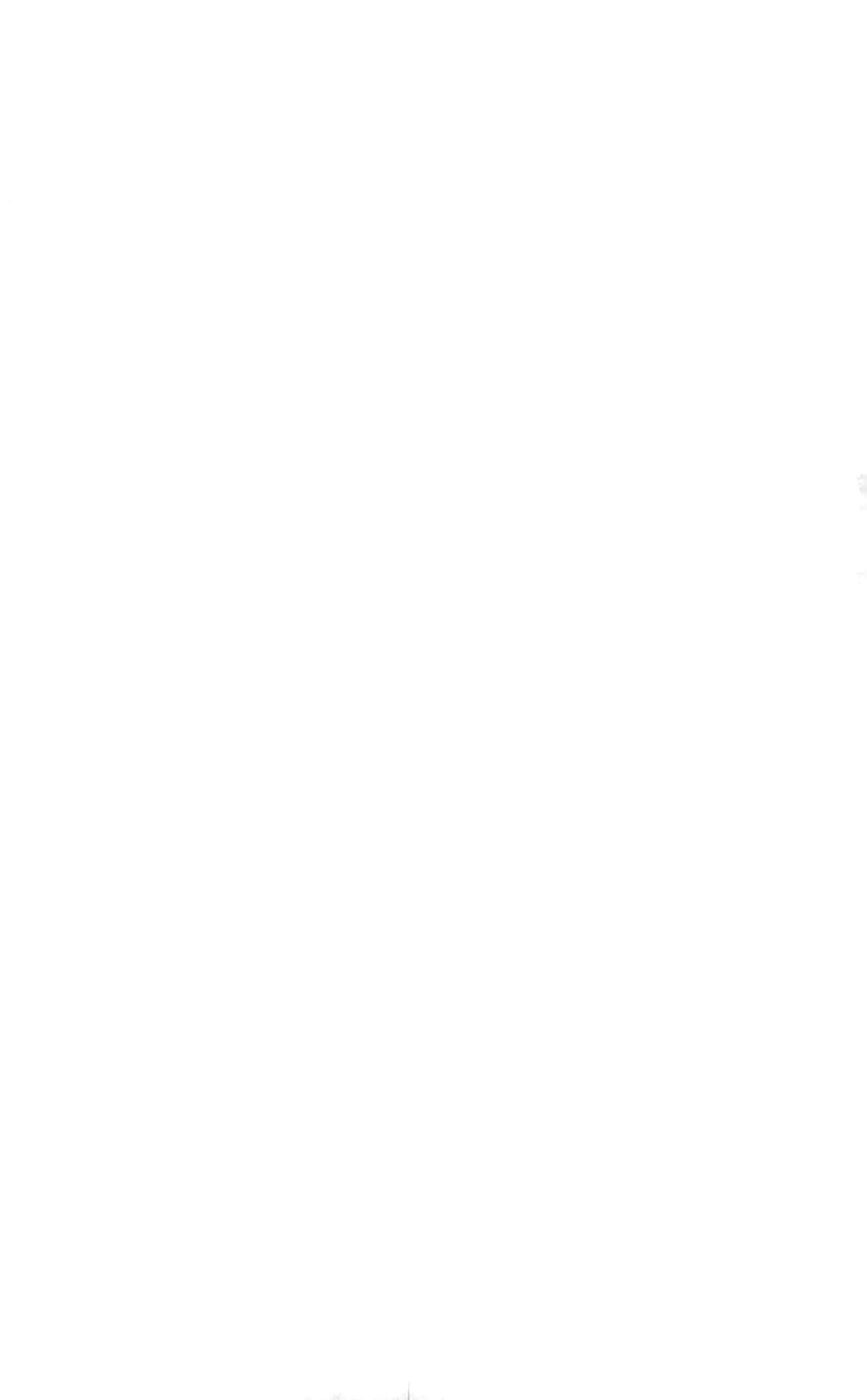

www.ingramcontent.com/pod-product-compliance
Ingram Content Group UK Ltd.
Pitfield, Milton Keynes, MK11 3LW, UK
UKHW021102220726
13924UKWH00005B/2196

9 782019 915421